EVANGE LISMO A 180°

EVANGE LISMO A 180°

Franklin **Romero**

Título original
Evangelismo a 180°
Autor
Franklin Romero Santana
Corrección y estilo
Perla Carolina Núñez
Diseño de portada y diagramación
Anthony Antigua y Jobmilsa Bautista
Clasifíquese
Religión

© 2021, Franklin Romero
Primera edición 1000 ejemplares
ISBN 978-9945-9318-2-2
Impreso en Santo Domingo, República Dominicana.

A menos que se indique lo contrario todas las citas bíblicas han sido tomadas de las siguientes versiones: las citas bíblicas que se anotan RV60 han sido tomadas de la versión Reina Valera © 1960 Sociedades Bíblicas en América Latina; las citas que se anotan NTV han sido tomadas de la versión Nueva Traducción Viviente © 2020; las citas que se anotan BTX han sido tomadas de la versión Biblia Textual 3ra edición; las citas que se anotan NVI han sido tomadas de la versión Nueva Versión Internacional © 2020; las citas que se anotan BTV2020 han sido tomadas de la versión Biblia Torá Viviente © 2020.

Editora Graphic Colonial, S.R.L.
General Cabral No. 103, Zona Colonial, Santo Domingo, Rep. Dom.

Para pedidos favor llamar a los teléfonos 829-731-7000 / 829-320-0519 ó escribir a: ea180grados@gmail.com ó franklinromer@gmail.com

DEDICATORIA

Dedico este libro de evangelismo a:

Timoteo Toribio Jiménez quién fue mí pastor y mentor por más de trece años.

Máximo Tibrey quien está en la presencia del Señor, fue un soporte y gran apoyo en mi vida ministerial.

Mi esposa **Leidy María Rosa**, quien ha sido mí compañera en esta travesía de vida y crecimiento ministerial.

A todos los Pastores, ministros, evangelistas y hermanos en general que me han dado la oportunidad de llevar el mensaje de nuestro Mesías a través de los eventos que ellos, sus congregaciones y ministerios planifican.

A quienes iniciando o bien encaminados en este ministerio quieren dar lo mejor de sí. Para ser instrumento del Eterno en esta hermosa labor de llevar el evangelio a los perdidos.

AGRADECIMIENTOS

Agradezco:

A mi amado y **Eterno Dios**, por llamarme, prepararme y comisionarme sin merecerlo en este hermoso ministerio de alcance.

A mi esposa **Leidy María Rosa**, por su apoyo, entrega, paciencia e ideas en este proyecto maravilloso que Hashem ha puesto en nuestras manos.

A mis hijos **Crisleidy** y **Matthew Romero Rosa**, por ser fuente de inspiración en este trabajo que he venido realizando.

A mis Pastores. **Eunice Peña**, por su disposición de escucharme y estar presta a colaborar. **Leonardo Piña** por ser un ente de motivación para que escribiera este libro.

A mi hermano en la fe, **Francisco González Molina**, por estar al pendiente de este proyecto maravilloso.

A mí hermana, **Perla Carolina Núñez** por su esfuerzo sobre humano, para que este libro tenga la calidad requerida.

A mi equipo de diseño, diagramación, **Anthony Antigua** y **Jobmilsa Bautista** por su entrega y dedicación en este proyecto.

TABLA DE CONTENIDOS

SECCIÓN 1 · 21

CAPÍTULO 1 · 23
CONCEPTOS DE EVANGELISMO · 23

CAPÍTULO 2 · 27
GENERALIDADES DEL EVANGELISMO · 27

SECCIÓN 4 — 109

CAPÍTULO 10 — 111
EL PECADO: CAUSA Y CONSECUENCIAS — 111

CAPÍTULO 11 — 121
GRACIA INESCRUTABLE — 121

CAPÍTULO 12 — 129
EL CORDERO DE LA CRUZ — 129

CAPÍTULO 13 — 143
LA SALVACIÓN DEL HOMBRE — 143

SECCIÓN 5   **157**

CAPÍTULO 14   *159*
ENTENDIENDO LOS TIEMPOS   **159**

CAPÍTULO 15   *165*
LA MINISTRACIÓN   **165**

CAPÍTULO 16   *173*
MANIFESTACIONES DEMONÍCAS   **173**

PRÓLOGO

Dios bendiga a cada persona que ha dedicado tiempo a leer este libro. Soy el Pastor y Doctor en teología Eduardo Leonardo Piña Mateo, pastoreo la Iglesia Visionaria Hebreos 11 por más de 10 años, pero he evangelizado desde mi niñez en muchas regiones del país y en Venezuela, junto a mi madre y familia levantamos las iglesias que tienen el sello de hebreos 11 a la cual pertenece el autor de este libro, Franklin Romero.

El libro está muy bien planeado y planteado con una forma muy práctica. Desde el principio se entiende el concepto de lo que es evangelizar y llevar el evangelio. Evangelizar es predicar el evangelio y el evangelio es buenas noticias. Cuando los ángeles se aparecieron a los pastores le hablaron que traen buenas nuevas de grandes gozos que han traído el salvador del mundo, de que había perdón y salvación para todo el mundo, llevar buenas noticias de nosotros para las personas que no tienen salvación porque luego viene la manifestación de paz que viene con esa buena noticia.

Jesús decía que cuando llegáramos a predicar lo hiciéramos de paz de nosotros a ellos y ese es el evangelio: un mensaje de paz en su manifestación, llevar paz y salvación a toda persona.

Este libro que presentamos aquí es teórico, practico y bíblico que puede ser usado en todas la élite de la sociedad para predicar un evangelio sano y claro.

Espero que le sea de mucha edificación a aquellos que lo leen y lo puedan usar para un efectivo trabajo en su comunidad y a donde quieran que vayan.

Así nos lo han mandado el Señor: Te he puesto por luz para las naciones, a fin de que lleves mi salvación hasta los confines de la tierra.

Hechos 13:47

Dr. Eduardo Leonardo Piña Mateo

INTRODUCCIÓN

A lo largo de la historia de la cristiandad, ha existido la necesidad de que hombres y mujeres llamados por el Eterno y ungidos por medio de su Santo Espíritu, se movilicen predicando el evangelio que el Mesías nos entregó, por todos los lugares de la tierra.

Para lograr este cometido, se hace necesario y obligatorio que dichos hombres y mujeres tengan una preparación de excelencia, para que de esta manera sean efectivos en el campo misionero para quienes son misioneros y en el campo de la predicación para los evangelistas o quienes hacen obra de evangelismo.

Por ello entendemos, que escribir un libro de este tipo, nos ayudará en el ámbito de la enseñanza, el equipamiento bíblico, académico, teológico y práctico. Dotándonos de herramientas que permiten obtener frutos abundantes en la función evangelizadora que concierne a la Iglesia.

En este sentido, el libro está dedicado para quienes tienen el llamado a las misiones y al evangelismo, así como aquellos que deben en determinado momento realizar alguna función evangelística, que en el sentido propio es a toda la Iglesia de Jesucristo. Razones por las cuales, el presente material es una ayuda a los pastores y líderes de iglesias, movimientos, concilios, ministerios y demás instituciones que buscan la multiplicación de la feligresía en todo el ámbito de la palabra.

Esto se hace posible porque dicho material está dividido en secciones y estas a su vez en capítulos con sus correspondientes subtemas, que tratan de manera general y particular los tópicos que hemos considerado de mayor importancia, a la hora de hablar del evangelismo en sus diversas facetas y manifestaciones. Así como el abordaje de los actores que dentro de estos procesos tienen influencia de algún tipo o son parte esencial.

La sección uno es el preámbulo en el que se tratan los conceptos y generalidades propias del ambiente evangelístico. En la misma se detallan estos aspectos vitales que son necesarios conocer y manejar eficazmente, para un ejercicio altamente productivo.

Subsecuentemente, la sección dos trata las diversas técnicas, métodos y tipos de evangelismo, que en sentido macro y de manera puntual, pueden ser empleados en el marco del comisionamiento que por medio de las sagradas escrituras ha recibido la Iglesia del Señor.

Al llegar a la sección tres, se estarán dando instrucciones respecto de los niveles de formación que posterior al llamado, deben recibir los que se involucran en esta ardua labor. Así mismo, se trazan las pautas pertinentes para la ejecución de las mejores prácticas, dentro de este ámbito que a todos nos atañe.

A continuación, en la sección cuatro se abordan los temas de mayor preponderancia en torno al mundo del evangelismo. Con la idea de que tanto los evangelistas, como el resto de hermanos que componen la Iglesia y que por ende están llamados a ejercer funciones de este tipo en un sentido u otro, tengan un conocimiento idóneo y oportuno de cada temática, para posteriormente transmitirlo a los no conversos.

En la sección cinco, se profundiza en esos temas de carácter ministerial, que aportan al crecimiento del individuo. En lo relativo a la permanencia operativa como ministro cualificado, por medio del uso adecuado de los dones conferidos.

En última instancia, se proporcionan las pautas de supervisión, una vez los no creyentes aceptan a Jesús el Mesías. Lo que a resumida cuentas es una guía para ministerios que dan seguimiento o para pastores e iglesias que tienen la ardua tarea de retener a los que han entrado al redil de nuestro Abba.

Nuestra intención es que, a través de las líneas de este escrito, exista un conocimiento enriquecedor que aporte a la expansión de las buenas nuevas, mientras nos encontremos en este plano del universo. En esa misma medida queremos equipar a nuestras iglesias, instituciones, departamentos, ministerios, misioneros y evangelistas en sentido general, de herramientas que les ayuden en su formación, para que de esta manera se realice un trabajo eficiente en la predicación del Evangelio del Reino Celestial.

Nuestra intención, por tanto, es que con este libro estemos aportando al crecimiento de todos aquellos que de una manera u otra centren su mirada en lo que con tanto amor, empeño y dedicación hemos dejado plasmado en cada una de las páginas del mismo.

Pues nos hemos preocupado de colocar lo que por la experiencia conocemos y nos ha dado resultado en este camino ministerial. Pero también hemos dejado, en los capítulos de este libro, herramientas bíblicas y experiencias de otros ministros e instituciones que consideramos tienen un buen arraigo y fundamento, y que, por tanto, les pueden ser útiles a cada uno de ustedes, en esta hermosa travesía en la que la contribuimos a la expansión y crecimiento del Reino Sempiterno.

SECCIÓN 1

CAPÍTULO 1
CONCEPTOS DE EVANGELISMO

"Los intentos de conversión de un hombre siempre terminan mal. Son sólo aquellos a quienes Dios convierte los que perduran".

— *Charles Spurgeon*

Es importante que antes de adentrarnos en el material práctico de este libro, nos centremos en definir y entender algunos conceptos que nos serán de mucha ayuda en el estudio de este material evangelístico. El cual ha sido elaborado con la intención de ser una guía práctica en el campo evangelístico, tomando en cuenta las diversas manifestaciones dentro de esta importante área ministerial.

A continuación, estaremos definiendo los siguientes conceptos:

✡ *Evangelio: etimología, aplicación.*

Etimológicamente según el diccionario de la Real Academia de la Lengua Española la palabra evangelio procede del latín tardío *evangelĭum*, y este del griego εὐαγγέλιον euangélion; propiamente 'buena nueva'.

Historia de la vida, doctrina y milagros de Jesucristo, contenida en los cuatro relatos que llevan el nombre de los cuatro evangelistas y que componen el primer libro canónico del Nuevo Testamento.

✡ *Evangelizar*

Es la acción por medio de la cual se difunde la fe en Jesús el Mesías, entendiendo que el murió en la cruz del calvario, para darle al hombre la oportunidad de redimirse de su naturaleza de pecado.

Acercándolo a sus pies para perdonar sus transgresiones y darle acceso a la salvación o vida eterna que Hashem ha otorgado a todo aquel que le acepta como su Dios.

✡ *Evangelista*

Es la persona comisionada a la predicación del mensaje de salvación a todos aquellos que están dentro del plan redentor pero que aún no han reconocido al Mesías como su Salvador.

Es importante entender que él o la evangelista es el primer contacto que tiene el no converso con el Reino de los Cielos al cual pertenecemos. Por tanto, él o ella será su primera impresión de lo que la iglesia realiza y lo que El Eterno es capaz de hacer por su vida.

Podemos decir, que el evangelista es la representación de Dios para los que aún no han sido alcanzados por su palabra eterna. En tal sentido debe ser un ente capaz de conectar con las personas, en el ámbito étnico, social, cultural y por supuesto espiritual.

Transmitiendo las palabras dadas por nuestro Dios, de una manera sencilla y frontal, sazonadas con el amor del Padre Celestial quien ama a sus hijos independientemente de su condición.

Es importante señalar que, aunque evangelista es el nombre dado al que recibe este ministerio como oficio de parte de Adonai. Todos los creyentes en el Mesías estamos llamados a realizar obras de evangelismo de una forma u otra. Por lo que este material didáctico es destinado para todo los hombres y mujeres que ejercen funciones en las diversas áreas de la Iglesia de nuestro señor y Rey.

✡ *Mensaje evangelizador*

Es el entramado conceptual, por medio del cual se busca convencer a los evangelizados del plan de salvación que ha sido preparado para cada uno de ellos. En este sentido el mensaje es conformado por las palabras que los hombres y mujeres de Elohim plasmaron en las sagradas escrituras.

Así como la revelación misma que el evangelizador recibe antes y durante el proceso de evangelización. Por su puesto, conforme al propósito de nuestro Adón para con los individuos que se pretenden alcanzar.

✡ *Evangelizado*

Es toda persona que tiene en su haber, la disposición de en determinado momento, escuchar la predicación o exposición de la palabra del Eterno. Ya sea de manera directa (evangelismo personal o frontal) o indirecta (a través de una canción, mensaje grabado o en vivo, literatura bíblica o el testimonio personal de algún miembro de la Iglesia).

✡ *Evangelización*

Es el accionar a través del cual el evangelista, lleva a los diversos lugares el mensaje de esperanza y vida eterna. Con el fin de que quienes pertenecen a esa demarcación geográfica reciban la palabra de Dios en sus corazones, para arrepentimiento en ocasiones y lamentablemente para juicio en otras.

La evangelización es una misión conferida a la Iglesia, pero que el propio Jesús realizó en su travesía por las tierras y aldeas judías como ejemplo a sus discípulos de entonces y para nosotros en el día de hoy.

La evangelización está conformada por tres elementos principales, que vimos anteriormente y en este momento los recordamos.

▶ El evangelista
▶ El mensaje evangelizador
▶ El evangelizado o receptor

REFLEXIONEMOS

El crecimiento cuantitativo de la iglesia local y por ende del Reino de los Cielos, depende en gran medida de la manera en la que la misma focalice sus programas de hacer evangelismo.

Partiendo de eso, debemos decir que cada integrante de estos programas, debe elementalmente manejar las conceptualizaciones propias de este pilar del cuerpo del Mesías. Para ejecutar de manera asertiva esta misión primaria que nos ha sido asignada.

GUÍA DIDÁCTICA

1. ¿Cuál es el significado de la palabra evangelio?
2. ¿Qué implicación practica envuelve la evangelización?
3. ¿Cuáles son las principales tareas que les han sido confiadas a los evangelistas?
4. Si fuéramos a caracterizar al evangelizado ¿Cuáles cualidades destacarías?
5. ¿En qué consiste el mensaje evangelizador?

CAPÍTULO 2

GENERALIDADES DEL EVANGELISMO

"Tú no contribuyes en nada a tu salvación excepto el pecado que la hizo necesaria".

— *Jonathan Edwards*

Antes de avocarnos al hecho de hacer evangelismo, debemos conocer algunas generalidades que poseen vital importancia, para que nuestra tarea evangelizadora sea efectiva al corto, mediano y largo plazo.

En este sentido debemos conocer de manera clara las acciones en las que nos veremos involucrados. Para que así los errores y sin sabores en este importante, pero complejo camino puedan ser reducidos a su mínima expresión.

✡ *¿Quiénes están llamados a evangelizar?*

Es importante conocer, que cada integrante de la Iglesia es una representación del Eterno en la tierra. Lo cual implica que cada creyente debe mostrar y manifestar ese amor y gracia que proviene del padre hacia los demás.

En consecuencia, están llamados a evangelizar todos aquellos que no eran hijos y que si lo son, que no eran pueblo y que han alcanzado serlo. Pero con la condición de que sean comisionados por una autoridad eclesiástica a la cual se responda, y que por consiguiente entiende que estamos en capacidad de hacerlo.

Tal y como Jesús hizo con sus discípulos en el libro de *Lucas 10:1-12*. En donde envía a setenta y dos de sus discípulos de dos en dos, para que sanen a los enfermos y anuncien el Reino de Los Cielos a todo el que esté dispuesto a recibirlo.

En efecto, están convocados a evangelizar todos aquellos que tienen una preparación y comisión previa, y que por demás sienten la necesidad de dar de lo que han recibido.

> *"Sanad enfermos, resucitad muertos, limpiad leprosos, echad fuera demonios; de gracia recibisteis, dad de gracia.*
>
> *Mateo 10:8 BTX*

De esta manera se hace posible transmitir el mensaje del reino que el padre nos ha concedido llevar. Dándonos honor más excelente que el que les dio a los ángeles, en cuanto a ser precursores de la palabra de salvación y vida eterna, así como se establece en *1 Pedro 1:12*.

En sentido general, cada creyente en Jesús el Mesías, desde la posición en que está, desde el accionar de su llamado y de los dones que operan en sí mismo, debe hacer obra de evangelismo. Pues el Shaddai nos ha instruido que tenemos como precepto predicar este evangelio de la cruz a los perdidos.

✡ ¿Por qué debemos evangelizar?

Porque como en un tiempo estuvimos extraviados, sin amor, sin fe, sin esperanza, así mismo hay muchos que deambulan porque no tienen el soporte del Dios al que servimos. Y por tanto quienes hemos creído en Jesús el Mesías debemos encaminarles a llegar al sendero de salvación y vida eterna.

El apóstol Pablo en su carta a los Romanos expresa:

"Pues no me avergüenzo de la Buena Noticia acerca de Cristo, porque es poder de Dios en acción para salvar a todos los que creen, a los judíos primero y también a los gentiles".

Romanos 1:16: BTX

Este versículo bíblico expresa en primer lugar, que el evangelio no es una razón para avergonzarnos sino más bien para regocijarnos y buscar que los demás lo hagan al junto nuestro, pues el mismo habla de la gracia derramada por medio de Jesús el Señor. En segundo lugar, el evangelio tiene la capacidad de salvar a todos los que están dispuestos a creer, que en él existe tal poder, y que no solo está disponible para los judíos, sino también para todas las naciones de la tierra.

Por ello, cuando comprendemos la capacidad de cambio que tienen las buenas nuevas de salvación y como por medio de ellas hemos sido transformados. Entonces seremos incapaces de quedarnos callados y de no expresar a los demás con hechos y palabras el cambio de vida que hemos experimentado.

Ciertamente, muchos no entenderán lo que tratamos de hacer al instarlos a entrar al camino de la vida eterna, pero cuando tengan la experiencia que de que hoy hablamos, estarán agradecidos de Dios por ser nosotros los instrumentos, por medio de los cuales se sentaron a la mesa con el amado de las naciones.

✡ ¿A quiénes evangelizar?

Esta es una de las preguntas de mayor importancia a la hora de hacer obra de evangelismo. Debido a que todo negocio en su estudio de mercado debe contemplar a qué público estará dirigido y cuáles serán las estrategias empleadas para captarlos, y la predicación del evangelio no es la excepción.

"Pero recibirán poder cuando el Espíritu Santo descienda sobre ustedes. Y serán mis testigos, y le hablarán a la gente acerca de mí en todas partes: en Jerusalén, por toda Judea, en Samaria y hasta los lugares más lejanos de la tierra".

Hechos 1:8 BTX

Por medio de esta cita bíblica tenemos una clara convicción de cuál debe ser nuestro público target o público objetivo. Si visualizamos bien el texto podemos entender lo siguiente:

Evangelizar en Jerusalén

Lo cual de manera directa alude al hecho de que en primera instancia tenemos la obligación de difundir el evangelio entre los que están en el lugar en donde habitamos, nos interrelacionamos, trabajamos, o de alguna manera pasamos la mayor parte de nuestro tiempo.

Evangelizar toda Judea

Esto se refiere al hecho de que la evangelización debe continuar con los lugares cercanos a nosotros. Es decir, no es el lugar al que pertenecemos, pero si tenemos relación directa con ellos, pues los conocemos y sabemos cuáles son sus círculos sociales o lugares en los que de una manera u otra participan.

De modo que tenemos muchas cosas en común con esta gente y podemos con cierta facilidad acercarnos a ellos, para hablarle del Reino de vida, a través de la exposición del mensaje del caballero de la cruz. Es esta una preciosa oportunidad para alcanzar a los que viven en los barrios, ensanches, residenciales, urbanizaciones, municipios y ciudades cercanas a nosotros.

Evangelizar en Samaria

Cuando nos referimos a Samaria estamos hablando de las zonas que corresponden a nuestro país o nación, pero que se encuentran a cientos o miles de kilómetros de distancia. Lo cual hace que no solo exista una separación territorial si no también cultural, social y muy probablemente religiosa. Consiguientemente, esto nos enseña que debemos promover el evangelio entre nuestros hermanos a la distancia, pero que aún forman parte del territorio del país en el que vivimos.

Esto nos dará una oportunidad maravillosa de proyectar el evangelio al más alto nivel, ya que en determinadas ocasiones nos daremos cuenta de que estos casi hermanos son más receptivos a la palabra de Dios, que los que están en nuestro entorno.

Evangelizar los lugares más lejanos de la tierra

Creo que al estar en este punto todos entendemos a lo que se refiere ¡las naciones de la tierra! Esto implica que nuestro nivel como evangelista, ya no solo se limita al hecho propiamente de realizar evangelismo personal a un número reducido de personas.

Sino que somos capaces de operar en evangelismo de masa o de gran alcance. Lo cual indica, que existe una preparación y por ende una trayectoria ministerial lo suficientemente probada como para llegar a personas de otras culturas, rasgos sociales, religiones, y hasta lenguajes.

Es importante decir que no todos estamos llamados a realizar este tipo de evangelismo, pues no solo debe verse desde el punto de vista del trabajo de la Iglesia local. Sino desde el punto de vista de un ministerio constituido, aprobado y enviado por las autoridades eclesiásticas competentes, esto asumiendo que previamente tenemos la de nuestro Dios.

✡ *¿Cuándo evangelizar?*

Con esta pregunta pretendemos arrojar luz respecto de que, aunque queramos hacer algunas cosas en favor del Reino de los Cielos, siempre hay un momento indicado en el que podemos que proceder.

Ya que el reino al que pertenecemos es ordenado y se rige por principios de autoridad, los cuales bajo ningunas circunstancias debemos quebrantar, tratando de hacer algo que consideramos positivo, pues en la Iglesia de Yeshúa el fin no justifica los medios. Sino que los medios son definidos de acuerdo con el propósito que tenemos en determinado momento.

En este sentido, el cuándo está condicionado a tener una preparación previa y de igual forma a un comisionamiento por parte de quienes nos dirigen.

> *"Por lo tanto, vayan con urgencia a todas las naciones a hacer talmidím, de los esparcidos de la casa de Israel y de los gentiles, dándoles la Teviláh (inmersión) en Mi Nombre, como Yo lo hice."*
> *Mateo 28:19-20 BTV*

Cuando vemos lo que Jesús hace con sus discípulos en este pasaje de las sagradas escrituras, afirmamos lo anteriormente dicho. Pues si leemos con detenimiento vemos que el maestro no está hablando con cualquier tipo de personas, sino con sus seguidores más cercanos. Por tanto, lo que él les dice es, vayan y así como Yo los discipulé hagan ustedes con las demás personas.

Por demás bautícenlos como en mí nombre han sido bautizados y enséñenles a guardar todo lo que Yo como su maestro les he enseñado.

Es importante que veamos esto de manera objetiva, pues en numerosas ocasiones los evangélicos tendemos a confundirnos respecto a creer, que si podemos predicarle el evangelio a nuestros familiares y vecinos, también podemos hacer otros tipos de evangelismos, que en realidad son mucho más complejos.

En ese mismo orden, es claro que desde que venimos a Jesucristo, sentimos un deseo ardiente de hablarles a los demás de lo que estamos experimentando. Eso no es malo, ni pecaminoso, y si hemos sido transformados de manera extraordinaria, podremos captar la atención de los receptores a quienes nos dirigimos.

Sin embargo, de hacer esto de manera espontánea a entender que podemos salir a hacer la obra evangelística, hay un gran trecho que debemos recorrer. Pues existen un sin número de eventualidades que se pueden presentar y que, de no tener la preparación y la unción requerida pudiéramos estar expuestos y lo peor de todo es que se hace posible alejar la entrada de muchos al camino de la salvación en vez de seducirlo a él.

Por ello entendemos, que hay varios parámetros a tomar en cuenta a la hora de evangelizar bajo una estructura eclesiástica y ministerial:

Ser un discípulo

Lo cual implica que debe ser una persona que cumple con los requerimientos básicos de la Iglesia local. Dígase, que ha dado testimonio digno de arrepentimiento delante de Dios y los hombres, que está bautizado en agua, y preferiblemente también en el Espíritu Santo.

Tener conocimiento de la palabra de Dios

Es decir que es una persona que acude de manera activa a las enseñanzas bíblicas, que son impartidas en la congregación o ministerio al que pertenece.

Ser enviado

Este es un punto de referencia que alude de manera directa a la unción pastoral o del liderazgo que les dirige. Lo cual en esencia es una señal inequívoca de que se actúa bajo cobertura. Por lo que no se verá afectado como lo fueron los hijos de Esceva, según se relata en los *hechos de los apóstoles 19:13-16.*

✡ *¿Cuál es la razón para evangelizar?*

Esta cuestionante alude al hecho de cuál es el beneficio que recibimos al hacer obra de evangelismo. Lo cual es significativo entender, para darle un sentido lógico a la función más básica y primordial que tiene la Iglesia en la tierra.

Veamos lo que nos dice el profeta Isaías al respecto:

> *En aquel día se dirá:*
> *"Alaben al Señor, invoquen su *nombre; den a conocer entre los*
> *pueblos sus obras; proclamen la grandeza de su nombre".*
> *Isaías 12:4 NVI*

El profeta nos da claros detalles de que alabaríamos e invocaríamos el nombre del Señor, pero que además daríamos a conocer su obra entre los pueblos y las naciones. Lo que de manera figurativa y adelantada se refiere propiamente, al hecho de predicar el evangelio de Jesús el Mesías.

Dar a conocer quién es nuestro Dios, y por qué quienes no le conocen deben acercarse a Él, es la principal razón de ser de la iglesia en el planeta tierra. Por tanto, evangelizar es una manera de honrar y bendecir el nombre de Adonai. Ya que somos promotores de su nombre, así como de las bondades y bendiciones que emanan de su reino.

✡ *Llamado del evangelista*

Es importante entender que todo el que milita en una de las áreas ministeriales a lo interno de la Iglesia, debe en primera instancia tener un llamado a desenvolverse o desarrollarse en dicha área.

Esto implica, que el llamado de manera directa se relaciona con los dones motivacionales y posteriormente con los dones espirituales que el creyente ha recibido, para cumplir con el propósito que el Eterno ha colocado sobre sus hombros.

Es de suma importancia comprender que todos estamos de alguna manera llamados a propagar el evangelio del Reino de los Cielos. Sin embargo, existe un ministerio evangelístico como nos menciona *Efesios 4:11*, que será desarrollado en su máxima expresión a través de aquellos que tienen el llamado y comisionamiento.

Es de rigor destacar que existe una gran variedad de llamados dentro de este ministerio, por lo que no solo debemos pensar que evangelista es aquel que predica en actividades multitudinarias. Si no que tenemos un gran número de personas que milita en el evangelismo personal, evangelismo por medio de células, o grupos de alcance como algunos lo llaman.

Así como otras modalidades que podemos ver en menor proporción, pero por ello no son menos importantes que las anteriores. En este aspecto debemos valorar cada uno de los enfoques desde los que se hace evangelismo, dado que todos tienen su nivel de efectividad.

Es imprescindible que todo el que se dedique a este ministerio, tenga bien claro que ha sido llamado, pues esto es garantía de que se irá adquiriendo el equipamiento necesario, para lidiar con las situaciones propias que se presenten en el camino.

Ya que no hay manera de que seamos efectivos si no hay una aprobación divina para lo que estamos haciendo. Especialmente en este campo en el que la carga espiritual es bastante fuerte y requiere de un nivel de compromiso bien definido.

✡ *El evangelista como enviado*

Una de las características del evangelista, es que ha de estar en la disposición de trasladarse a diferentes lugares a diseminar el mensaje de nuestro amado Mesías. Por tal razón debe existir una unción pastoral y un comisionamiento de los mismos, para que la persona tenga la legalidad de operar en la dirección que le ha sido definida.

En el libro de los Hechos de los Apóstoles 8:4-13 vemos un caso muy interesante, que es el caso de Felipe el evangelista, predicando en la ciudad de Samaria. En donde evidentemente captamos un respaldo

Divino, que se manifiesta en la operación de milagros, sanidades y expulsión de demonios.

Pero el milagro más trascendental lo declaran los versículos 12 y 13 del propio capítulo 8. En donde se dice que hombres y mujeres creyeron por medio de Felipe, aun Simón el mago, seguía al Evangelista por todas partes.

Aun así, vemos en el versículo 14 que los líderes de la Iglesia en Jerusalén se dan cuenta lo que ocurre en Samaria y envían a Pedro y Juan, para respaldar la obra que venía haciendo Felipe. Esto indica que el ministro evangelista estaba bajo autoridad y por esa razón no actuaba como el que tiene un ministerio aislado, sino como quien opera al servicio del Reino de los Cielos y bajo las autoridades pertinentes.

En el libro de Mateo, Jesús nos da el mejor ejemplo que pueda haber de lo que es un evangelista como un enviado.

> *"Por lo tanto, vayan con urgencia a todas las naciones a hacer Talmidím."*
>
> *Mateo 28:19a BTV*

En este apartado, nuestro Maestro muestra un evangelista por encima del foco convencional. Pues no solo lo está enviando a predicar el evangelio, sino también a discipularlos, es decir a enseñarlos e instruirlos.

Así como a bautizarles en su nombre y posteriormente instarlos a obedecer todo lo que como Señor nos ha encargado. Es muy interesante ver este modelo de evangelista en el que se tiene que ser un mentor.

Aquí se desmontan muchas posturas evangelísticas en las que no se da un seguimiento, sino que el mensajero lleva la palabra y luego se retira del lugar sin tener ningún tipo de compromiso. No sabiendo que todo buen evangelista procura no solo el alcance, sino también la permanencia de los evangelizados.

✡ Lenguaje del evangelista

Estamos en presencia de uno de los elementos más prominente de todo el que participa en ministerio alguno, y el evangelismo no es la excepción. Ya que el uso del lenguaje puede ser un arma a favor o en contra, en función del uso que le demos al mismo.

"Hay hombres cuyas palabras son como golpes de espada; Mas la lengua de los sabios es medicina".

Proverbios 12:18

Con este versículo tenemos una clara explicación del uso del lenguaje. Recomendándonos de manera directa ser sabios, para que nuestras palabras sean como medicina que sana a los enfermos de sus males; y estamos convencidos de que el pecado es el mayor de los males que oprime al ser humano.

Por todo ello las palabras del evangelista deben ser blandas y de sabiduría, pero con un nivel de determinación capaz de transformar los corazones de quienes no han creído al evangelio del Nazareno. Así como dar firmeza y seguridad a los que ya son partes del redil del Pastor por excelencia.

Pues es grande la encomienda de pregonar el mensaje del Reino Sempiterno.

"Así nos lo ha mandado el Señor: "Te he puesto por luz para las naciones, a fin de que seas medio de salvación hasta los confines de la tierra."

Hechos 13:47: BTX

Contrario a lo que muchos piensan y han proyectado respecto al evangelismo. Esta es una de las áreas de operatividad que necesita de un alto nivel de preparación en el manejo del lenguaje. Por ende, el evangelista o quien hace obra de evangelismo debe dominar las siguientes áreas del conocimiento:

La Pragmalingüística o lingüística práctica

Estudia el modo en el que el contexto influye en la interpretación del significado. Lo que nos ayuda a comprender el lugar en el que estamos situados, para exponer el mensaje, conforme a lo que los individuos de ese lugar son capaces de entender.

Esto indica que todo evangelista debe tener un amplio conocimiento de cultural general. Siendo en este sentido, un estudioso de los contextos socio-espirituales de quienes van a recibir el mensaje de salvación.

Por lo tanto, debe ser capaz de adaptarse al contexto sociocultural del momento, sin dejar de exponer bajo ninguna circunstancia las verdades bíblicas. Transmitiendo el mensaje que el Eterno haya revelado, para los lugares e individuos que les han sido designados.

La filosofía del lenguaje

Se encarga propiamente del estudio de todo lo relacionado con el lenguaje. De manera más específica esta rama estudia e investiga los fenómenos inmersos en la verdad, significado, la referencia, la traducción, el aprendizaje, la creación del lenguaje, el pensamiento y la experiencia.

También se encarga de estudiar el uso del lenguaje o la pragmática de la comunicación y la interpretación. Siempre partiendo desde un sentido lingüístico.

En lo que nos atañe, la filosofía del lenguaje permite comprender con mayor profundidad, las características exclusivas que son empleadas en el lenguaje de la pluralidad cultural, étnica e ideológica.

Imagínese usted que las sociedades bíblicas, las agencias misioneras y los ministerios evangelísticos de alcance mundial, no tengan un conocimiento acabado de las culturas que pretendan alcanzar.

Ciertamente se tornaría muy difícil la función evangelizadora de los grupos a los que se quiere llegar, para presentarles el mensaje del evangelio. En este y otros aspectos nos ayuda esta rama de la filosofía, la cual principalmente la emplearemos a la hora de transmitir las buenas noticias de manera escrita o en un discurso expositivo.

La psicolingüística

También llamada, la ciencia de la mente y el lenguaje. Estudia la manera en la que adquirimos, comprendemos, producimos, y elaboramos el lenguaje. De igual forma hace hincapié en los mecanismos cognitivos que intervienen cuando es procesada la información lingüística, en el cerebro del individuo.

Esta rama que une a la psicología y a la lingüística nos ayudará en la tarea evangelizadora, entendiendo la manera en que las personas a quienes nos dirigimos son capaces de pensar o más bien de procesar las informaciones recibidas.

Por medio de ella obtendremos herramientas majestuosas, que nos ayudarán en lo tocante a la manera en la que por medio del lenguaje o las palabras somos capaces de persuadir a nuestros receptores.

La oratoria

Es el arte de hablar en público con claridad, precisión y elocuencia. Su finalidad es la de persuadir a un auditorio sobre algún asunto específico.

En el sentido que nos atañe, la oratoria nos ayuda en el manejo de los diferentes escenarios y ante las personalidades a las que tendremos que exponerles las buenas nuevas de salvación.

Un buen evangelista siempre será un buen orador. En este sentido es importante alimentarnos de la palabra de Dios, y de todo material didáctico que pueda aportar a nuestro lenguaje, para de este modo alcanzar a los perdidos.

En el libro de los hechos habla de la defensa de pablo ante el Rey Agripa el cual dice:

> "—Un poco más y me convences a hacerme cristiano* —le dijo Agripa"
>
> *Hechos 26:28 BTX*

En esta expresión de las escrituras, vemos como Pablo aun en sus cadenas, no dejaba de ser un evangelista devoto. Teniendo como intención principal no su propia defensa, sino la del evangelio de Yeshúa.

En su alocución demuestra que maneja las áreas del saber que hemos estado describiendo en este capítulo. Una de las principales es la oratoria, demostrando por medio de ella, que debemos tener la capacidad de persuadir por medio de la palabra de Dios en nuestra boca, a quienes les expongamos este mensaje de vida.

Es importante entender, que el apóstol no solo tenía conocimiento teológico, si no que sabía cuáles eran sus derechos ante la ley, y de igual forma cuál era su función como misionero y precursor del evangelio de Jesucristo.

Estar convencidos de cuál es nuestro llamado y por ende nuestra obligación es fundamental, para tener un buen manejo de la lingüística, la psicología y la oratoria. En tal sentido se alcanzará la comisión de aportar al crecimiento y expansión de las buenas nuevas.

En cambio, es de vital importancia entender que muchos conforme a los dones recibidos poseen gran parte de estas capacidades. Sin embargo, habrá otras que deben ser cultivarlas y puestas en práctica, para así ser más efectivos en el trabajo que nos asiste.

Por tal motivo es importante poner en balanza nuestras debilidades con toda la humildad posible, para asumirlas de manera frontal y buscar fortalecerlas, con la finalidad de ser más eficaces en la obra del ministerio.

Debemos tener pendiente, que el evangelista, así como un buen orador debe tener la capacidad de conectar con el público al que se dirige. Pues la mejor manera de demostrar que tenemos un dominio adecuado del lenguaje, se hará evidente en esos momentos en los que exista la necesidad de adaptar el mensaje al público que se tiene delante.

Ya que lo imprescindible para el ministerio evangelístico es que el mensaje llegue a todos en igual proporción, aun cuando tengamos que hacer sacrificios en nuestra preparación comunicacional. Pues se hará necesario un buen nivel de adaptabilidad de la forma en la que presentaremos las buenas nuevas de salvación en gran parte de los escenarios en los que nos presentemos.

✡ Vestimenta para evangelizar

Debe ser un tipo de vestimenta que en primer lugar represente nuestra pertenencia a una institución socio-espiritual, que busca transmitir un mensaje positivo y de alcance a las masas. Por lo que nunca debe ser una vestimenta provocativa o que vaya a distraer la atención de las personas a evangelizar.

En segundo lugar, debe ser una vestimenta adecuada para el lugar en el que se estará llevando a cabo la evangelización o predicación. Tomando principalmente en cuesta el clima al que nos enfrentaremos y la condición del terreno por el cual nos estaremos desplazando, antes, durante y después de la acción evangelizadora.

✡ Recursos didácticos

Son básicamente esos recursos físicos o digitales que empleamos para poder disertar con los oyentes. Dentro de ellos tenemos las biblias, libros de apoyo y literaturas bolsillo que sirven de apoyo al mensaje, ya que son una herramienta que posterior a lo hablado, continúan evangelizando a los no conversos.

✡ *Los recursos económicos*

Estos recursos contribuyen al sustento físico de los evangelistas, ya que en la tarea evangelizadora en múltiples ocasiones se está en lugares remotos, en los que acceder a ciertos productos básicos se puede complicar. De no ser así es importante adquirir previamente los insumos necesarios para evitar cualquier tipo de contra tiempo en la tarea de predicar el evangelio.

Es determinante para las organizaciones, disponer de los recursos económicos necesarios a la hora de organizar los diferentes tipos de eventos, en los que se suele llevar la palabra de salvación a los no creyentes.

Por este motivo, estas organizaciones y ministerios deben tener un equipo financiero que maneje todo el entramado contable. Para así tener un control exhaustivo de las finanzas, que a resumidas cuentas son un recurso dado por el Padre, para que lo administremos de la mejor manera posible.

Es en este apartado en donde muchos ministros evangelistas y organizaciones de gran envergadura han fracasado. Pues se les olvida, que el manejo de los recursos que recibimos para el ministerio es una encomienda de las más difícil de llevar y en la que mostramos nuestro nivel de fidelidad al que nos llamó, para administrar sus recursos y por medio de estos expandir su Reino por todos los rincones de la tierra.

REFLEXIONEMOS

> *El llamado a la evangelización es un compromiso de la Iglesia, esforzándose en llegar a todos los lugares posibles aun cuando las circunstancias no estén a su favor. Por ello es menester de la organización preparar a los evangelizadores en las áreas pertinentes y posteriormente enviarlos a regar la semilla.*
>
> *Cumpliendo así con los requerimientos demandados por el Padre, para que él proporcione los recursos requeridos, y se dirijan a una focalizada y estratégica movilización, cuyo único fin es llegar a los perdidos y traerlos al redil del Señor.*

GUÍA DIDÁCTICA

1. ¿Por qué Razón Jesús envía a evangelizar en parejas a los 72 discípulos de Lucas 10?
2. ¿Cuál es el significado de las cinco señales que el Maestro cita en Mateo 10:08?
3. ¿A quiénes están destinadas las palabras de Mateo 10:08 y porque les son dadas?
4. Establezca la diferencia entre evangelizar y discipular.
5. Cite los parámetros que deben las iglesias y ministerios tomar en cuenta a la hora de comisionar sus miembros a evangelizar.
6. ¿Qué diferencia hay entre un creyente que hace evangelismo cotidiano a alguien con llamado a ser evangelista?
7. ¿Qué importancia tiene que el evangelista sea enviado en vez de auto enviarse?
8. ¿Cuáles deben ser las características de las palabras usadas por los evangelistas?
9. Liste las ramas de la lingüística y el lenguaje que tienen importancia capital en el hacer evangelístico.
10. ¿Es importante el buen manejo de los recursos económicos en los ministerios evangelísticos? Justifique su respuesta.

SECCIÓN 2

CAPÍTULO 3

EVANGELISMO PERSONAL

"Si quieres el plan perfecto que Dios tiene para tu vida, tendrás que ir por el camino del Calvario para conseguirlo."
— *Billy Graham*

El evangelismo personal es la manera de evangelización más antigua, y paradójicamente sigue siendo una de las más efectivas. Ya que esta metodología trae a los pies de Jesucristo a un individuo con parte de su vida restaurada o en proceso de serla.

Dado que esta modalidad de evangelismo es muy directa y frontal, las personas tienden a ser confrontadas, seducidas y enseñadas de manera rápida y por tanto más efectiva.

Este es el estilo de evangelización que vemos en el libro de *Lucas capítulo 10:1-12*. En donde Jesús selecciona a setenta de sus discípulos, los agrupa en pareja, y posteriormente los envía por las aldeas y ciudades de Israel.

De manera similar el evangelista *Marcos en el capítulo 6 y los versos 7-13* dice que Jesús envía a sus doce apóstoles, de dos en dos y les dice que no lleven dos mudas de ropa, ni dinero o alforja. Sino que vayan y en el lugar que reciban las palabras se queden, y en donde no reciban las buenas nuevas sacudan el polvo de sus sandalias y continúen su camino.

De manera que, sea como testimonio o más bien como juicio sobre ellos, indicando que el evangelio se les llevó, pero no lo recibieron. Eso nos da a entender que las buenas nuevas de redención son para aquellos que están solícitos a recibirla.

Por esa razón, no debemos sobre insistir, ni obligar a nadie, pues la entrada al redil del Señor es una decisión particular y personal de cada individuo. La función de la Iglesia es anunciar las verdades de vida y prepararse para recibir a los nuevos integrantes.

Bajo ningunas circunstancias debemos juzgar, condenar, u obligar a persona alguna a tomar esta importantísima decisión. Por cuanto cada uno dará cuenta de lo que haya hecho, la Iglesia por anunciar o no estas verdades y los individuos por aceptar o no el mensaje.

TÉCNICAS DE EVANGELISMO PERSONAL

Dentro del evangelismo personalizado existe una amplia variedad de técnicas que nos permiten llevar a plenitud nuestra misión evangelizadora.

Dentro de ellas podemos citar las siguientes:

✡ Visita a los hogares

Es una de las técnicas básicas y de mayor impacto en el evangelismo. Debido a que existe un contacto directo con las personas o las familias y tiende a realizarse por hermanos que en cierto modo son conocidos por los integrantes de los hogares.

Debe hacerse con mucha mesura y respeto, cuidando de no entrar a lugares que no se indique o que no sea adecuado por un tema ético. Procurando solo llevar el mensaje del cual somos pregoneros, que es el mensaje de la cruz.

Es importante tomar en cuenta el tiempo que se empleará en la visita a los integrantes del hogar. Ha de manejarse dentro de un rango de prudencia que se acordará previamente con los evangelizados o de acuerdo a como vayan estos asimilando el mensaje o enseñanza.

Algunos elementos a manejar previo a la llegada al hogar:

- ► Elegir la persona a iniciar la evangelización
- ► Tener dos o tres citas bíblicas como base

► Tener varias canciones a interpretar

► Tener un conocimiento básico de las personas a visitar

Dentro de esta modalidad de evangelismo quiero resaltar una técnica empleada por el Ministerio de Jóvenes de la Iglesia Visionaria Hebreos 11 en las palmas de Herrera, llamada Evangelismo a Domicilio.

La idea básicamente consiste, en que los interesados en que se ore en su hogar y se les predique de la palabra de Dios, puedan comunicarse por medio de un número de WhatsApp, o de cualquier otra red social que se haya dispuesto para tales fines.

En dicho caso se exhibe el evangelio como el producto que se venderá, cuyo precio es tener la disposición de recibirlo y los evangelizadores serán los deliveries, que se encargarán de llevarlo a los hogares que así lo soliciten, en la fecha y hora que previamente hayan sido señaladas.

Una vez se tenga el listado de las personas que solicitaron el producto llamado evangelio de Jesucristo, acompañado de la oración y canticos que complementan esta función evangelizadora. Entonces se procederá a conformar los equipos que estarán llevando el producto requerido, a los lugares correspondientes.

Cabe señalar que esta estrategia permite a los participantes tener una cierta preparación antes de dirigirse a los lugares designados. Del mismo modo, aquellos que previamente se han preparado para recibir el mensaje, estarán expectantes para disfrutar más que un mensaje de diez o quince minutos, de un servicio completo.

Lo cual solo permitirá a los grupos visitar a lo sumo dos hogares por día. Esto da aquiescencia a tener un mayor nivel de alcance, pues al llegar al lugar existe una disposición previa por parte de los receptores, lo cual significa que un 50% de la victoria ya está asegurada.

✡ *Visitas a las cárceles*

Esta es una forma de evangelismo muy peculiar e importante. Pero a la vez tiene ciertas particularidades que deben ser tomadas en cuenta, ya que dependiendo del país en el que se encuentre, existen normas diferentes para acceder a los sistemas carcelarios.

Muchos de los cuales involucran una revisión exhaustiva al punto de quitarse la ropa, o revisar ciertas partes del cuerpo que no es tan cómodo para el visitante. Por supuesto esto no lo decimos para intimidarles a participar en esta importante manera de llevar el evangelio. Sino más bien para que tomemos las medidas cautelares de rigor, informándonos antes de acudir a uno de estos centros.

En este tenor, las iglesias o ministerios que no tengan la pericia correspondiente deben asesorarse e ir acompañados con quienes, si tienen la experiencia previa y de manera activa emplean esta técnica de alcance.

A la hora de visitar un recinto carcelario debemos considerar estos aspectos:

► El grupo asistente debe repasar el protocolo interno, antes de acceder al centro penitenciario.

► Orar antes de ingresar al recinto al que se dirigen.

► Ir con la vestimenta adecuada, respetando el protocolo del recinto.

► No estar solo en ningún momento dentro del recinto.

► No acercarse mucho a los internos, independientemente de que parezcan inofensivos.

► Mantener el enfoque del trabajo que se ha ido a realizar, teniendo los sentidos focalizados en la meta trazada.

✡ Visitas a los centros de salud

Esta técnica de evangelismo personal muestra mucho de la compasión del evangelizador. De igual manera es imprescindible que conozcamos con antelación, las normas de visitas del centro médico al cual nos dirigimos, independientemente si es una entidad pública o privada.

En este sentido debemos tomar en cuenta algunos aspectos al visitar un centro de salud:

► Mantener el timbre de voz en un nivel apropiado.

► Solo entrar a las áreas permitidas.

► Entrar a las salas o habitaciones con el consentimiento del personal médico, del o los pacientes paciente y sus familiares.

► Cuidar nuestra integridad física y la de los pacientes usando el protocolo del centro de salud.

► No tocar a los pacientes a menos que les sea permitido al momento de saludar o de orar.

Habrá ocasiones en que las medidas anteriores no aplicarán, pero de aplicar favor seguirlas rigurosamente. Para evitar cualquier tipo de inconvenientes tocante al comportamiento, o ser objeto de contagio en el peor de los casos.

✡ *Visitas a los hogares de ancianos, viudas y huérfanos*

Son lugares en los que podemos llevar el evangelio a estas personas vulnerables y en el caso de los ancianos y algunas viudas en la etapa de culminación de sus vidas.

Respecto de los huérfanos y viudas las escrituras nos dicen:

> *"La religión pura y sin mácula delante del Dios y Padre es ésta: Visitar a los huérfanos y a las viudas en su tribulación, y guardarse a sí mismo sin mancha del mundo."*
>
> *Santiago 1:27 BTX*

Al momento de movilizarse a estos lugares se debe hacer un levantamiento previo, respecto de las necesidades más comunes y básicas, para contribuirles en la medida de lo posible y con ello se practica un evangelismo más integral. Recordando siempre que la principal necesidad es la de salvación y vida eterna.

✡ *Hacer el bien, resolviendo necesidades básicas*

Si algo era característico en nuestro Maestro y Salvador era su preocupación por las personas que están a su alrededor. No solo en el sentido espiritual si no en todos los ámbitos de la cotidianidad de la vida.

El evangelio no es una simple teoría, sino que es una verdad con capacidad de llegar a las personas de múltiples maneras y una de ellas es supliendo necesidades básicas y de cierto nivel de preponderancia.

En las sagradas escrituras nos encontramos con la siguiente referencia, respecto del tema que tratamos:

> *"Por lo tanto, siempre que tengamos la oportunidad, hagamos bien a todos, y en especial a los de la familia de la fe."*
>
> *Gálatas 6:10 NVI*

Por ello, es muy importante que dentro del alcance de las iglesias, organizaciones sin fines de lucro y ministerios organizados, existan programas de ayuda en lo referente a la alimentación y nutrición, medicamentos, vestimentas, entre otras necesidades con las que se pueda colaborar.

✡ *Entrega de tratados y literaturas*

Hemos colocado esta técnica de manera separada porque en muchas ocasiones se emplea como una técnica más. La misma consiste en que una o varias personas se colocan en un lugar determinado y a todo el que pasa le entregan un tratado o cualquier otro tipo de literatura rápida de evangelización.

Sin embargo, entendemos que a menos que no haya otra opción, la misma debe ser un complemento de las demás técnicas que tratamos en el libro.

En este sentido se logrará un mayor efecto en la persona a la que abordemos. Por ende, a la hora de leer la literatura previamente explicada por el evangelizador, tendrá un mayor nivel de comprensión de lo que en ella se expresa.

✡ *Entrega de bebidas calientes o refrescantes: te, café, chocolate, agua, te frío, entre otros.*

El evangelio es dinamismo e innovación y esta técnica lo demuestra en su accionar. Ya que la temática es darle una palabra de aliento o evangelizadora a la persona y luego se procede a entregarle una porción del producto que se está distribuyendo.

Es importante que, al momento de emplear este tipo de estrategias, se escoja un lugar por el cual circulen muchas personas, para que dicha técnica tenga el mayor éxito posible. Además, hacerlo con cierta frecuencia, pero sin llegar al cansancio del equipo que ejecuta el trabajo, ni de la relajación del método por aquellos que frecuentan los lugares seleccionados.

✡ *Evangelismo espontáneo*

Es aquel que surge sin que estemos advertidos o estemos buscando evangelizar propiamente.

En un sentido práctico debemos estar siempre preparados para él, pues surge de la voluntad de Dios, manifestada en la necesidad latente de las personas con las que estemos interactuando.

"Predica la Palabra, insiste a tiempo y fuera de tiempo, redarguye, exhorta..."

2 Timoteo 4:2 BTX

El contexto bíblico en el que Pablo le dice a Timoteo esto, alude al hecho de que los grecorromanos tenían como costumbre, asegurarse de la aprobación de sus oyentes a la hora de tratar algún tema. En este sentido el Apóstol le insta a su discípulo a hacer evangelismo cuando las personas estén de acuerdo con él y cuando no lo estén.

Por lo tanto, el evangelismo espontáneo puede surgir por una necesidad que el Padre nos está revelando en determinado momento. Razones por las que en muchas ocasiones los individuos harán cierta resistencia, pero luego aceptarán el mensaje que pudimos disertarles, ya que en el momento en el que estamos impartiéndolo el Espíritu Santo va trabajando en sus corazones, para hacerlos sensibles a las palabras que salen de nuestra boca.

A la hora de hacer evangelismo personal debemos tomar en cuenta siete aspectos fundamentales:

Mantenerse en grupo o en pareja

Hacerlo de esta manera nos facilitará el trabajo, pues donde falla uno el otro interviene. De igual forma se pueden cuidar mutuamente en cuanto a la integridad física y espiritual, especialmente cuando estén en una zona que no conocen.

Es importante tomar en cuenta que, de las dos personas que salen a evangelizar una debe tener mayor nivel espiritual que la otra. Así como un mayor nivel de experiencia en el área, de ese modo el trabajo se realiza de una manera más efectiva.

Abordar a las personas respetuosamente

Es de suma importancia entender, que a la hora de hacer evangelismo tenemos que honrar a Dios en primer lugar. Luego tenemos que dar una buena imagen, de la Iglesia o Ministerio al que pertenecemos.

"Pero hágase todo decentemente y con orden."

1 Corintios 14:40 BTX

El orden es un elemento de vital importancia a la hora de hacer un evangelismo de alto nivel y por tanto efectivo. Pues el Espíritu Santo que nos guía no opera en el desorden, ni en la improvisación.

Esto quiere decir que él nos guiara a hacer las cosas bien, y en ocasiones a lo que le llamamos improvisación, es básicamente un plan de Dios orquestado anticipadamente, pero revelado a nosotros en el momento mismo en que se debe ejecutar.

Exponer el mensaje de salvación de forma completa, pero breve.

Este es un enunciado muy interesante, ya que muchos piensan que el mensaje debe ser extenso. Cuando la idea del Eterno es que el mensajero exprese de manera atinada las verdades bíblicas, siendo en todo tiempo prudente con el tiempo.

De nuevo volvemos al orden que estamos determinados a tener, en este caso para que las personas que reciben las buenas nuevas no se sientan fatigados por escucharnos. Es mejor que el individuo se quede con hambre y sed de escuchar nuestra exposición de la palabra de verdad y no que deteste oírnos. Por nuestra manera irrespetuosa e irresponsable de presentársela.

Básicamente lo que se pide en este punto, es que disertemos e incluso que interactuemos con las personas acerca del plan de salvación que tiene El Elyon para con toda su creación, y la manera en que se debe accionar para beneficiarnos del mismo y no ser condenados.

No queremos poner un tiempo determinado para este tipo de tarea. Por todo ello, es importante que el evangelizador tenga el suficiente tacto para percibir el nivel de interés del evangelizado y no hastiarle con la ponencia.

Se debe tener presente que no solo se evangelizará a una persona u hogar, sino que hay otros tantos que requieren de nuestro tiempo para llevarles el mensaje.

Por ello hagamos el siguiente ejercicio:

Supongamos que disponemos de una hora para evangelizar; en ese tiempo visitamos un hogar por espacio de quince minutos. Al salir de ahí nos encontramos con una pareja de esposos a quienes abordamos, unos cinco minutos porque estamos en la calle y no queremos causarles molestias.

Posteriormente vamos a un local comercial en el que se nos concede predicarles y por espacio de diez minutos compartimos e interactuamos con ellos. Pero no continuamos para no serles molestos y que ellos prosigan con su actividad comercial.

Saliendo del comercio llegamos a una parada de motoristas quienes se muestran dispuestos a escuchar en lo que les llega trabajo. Por ello en unos 9 minutos les exponemos las buenas nuevas de salvación.

En este punto les hemos hablado del plan de redención aproximadamente a diez personas y solo han transcurrido unos treinta y nueve minutos. Por lo que aún nos quedan 21 minutos hábiles y ya tenemos un buen número de evangelizados.

Sabiendo también que a cada uno les hemos extendido la invitación a las actividades semanales que tiene la iglesia o el ministerio al que pertenecemos. Ese ejemplo nos muestra que podemos ser efectivos si sabemos combinar las palabras oportunas con el tiempo.

✡ *No discutir de doctrinas o creencias*

El error más grave que puede cometer alguien que hace evangelismo es detenerse a hablar de temas doctrinales o entablar conversaciones de creencias y de asuntos propios de la Iglesia a la que pertenece.

Ya que nuestra misión en este punto es la predicación del evangelio del Reino. Por tanto, las creencias, los dogmas eclesiásticos y puntos doctrinales se externan y aclaran en enseñanzas bíblico teológicas.

Por demás, con quienes no han venido al redil del Mesías, no tratamos temas de carácter propio de las organizaciones religiosas en las que accionamos. Ya que estos temas solo deben tratarse entre hermanos de la congregación o en su defecto en eventos, reuniones, entrevistas y otro tipo de intervenciones que se programen para tales fines.

En Latino América nos encontramos muchos casos como estos, en los que las interioridades de los cuerpos eclesiásticos se hablan o se discuten con personas que no son cristianos. Las cuales terminan como rumores o chismes y en todo caso, en vez de que esto atraiga a las personas a Jesucristo los aleja de Él.

Cuando ocurren este tipo de eventos, hemos fracasado en nuestra misión como evangelizadores de un mundo que necesita ser libertado, no abrumado con las situaciones que de manera interna se puedan dar en una institución.

✡ *Predique solo a Jesucristo*

Una de las razones por las que he decidido elaborar este libro, es porque soy un creyente férreo en el poder que el evangelio de nuestro Señor y salvador posee, para transformar al ser humano de una manera integral.

Cuando entendemos esta verdad fundamental y podemos verlo manifiesto en nosotros y en personas en derredor nuestro. Seremos capaces de transmitirlo de una manera más efectiva, a quienes por alguna razón no lo han asumido como parte de su vida.

Por todo ello, a la hora de evangelizar es importante que solo prediquemos acerca de nuestro Mesías. De esta manera el mensaje recibido será capaz de producir cambios importantes en nuestros receptores e interlocutores. Pues esta es la finalidad del poderoso evangelio de salvación y vida eterna.

> *"El Espíritu del Señor está sobre mí, Porque me ungió para evangelizar a los pobres; Me ha enviado a proclamar libertad a los cautivos, Y restauración de vista a los ciegos, A enviar en libertad a los oprimidos, a proclamar el año favorable del Señor."*
>
> *Lucas 4:18-19 BTX*

En este sentido predicar a Jesucristo es más que suficiente para lograr nuestro cometido en la obra evangelizadora. Esto no significa que no podemos utilizar ilustraciones, anécdotas o ejemplos de la vida diaria. Si no que en todo momento nuestro mensaje debe girar en torno a la figura de nuestro Adón, para que la obra de Dios sea completa en él, a quien le sujetó todo lo que está en los Cielos y en la tierra, como lo indica *Mateo 28:18.*

Esto pudiera parecer difícil, pero en realidad cuando tenemos una íntima relación con el hijo de Hashem se nos hace muy sencillo. Ha de saberse que todo buen evangelista tiene bien acentuado los siguientes aspectos:

▶ Ha tenido un encuentro maravilloso con Jesús,

▶ Ha sido transformado por él,

▶ Tiene una respetable relación de intimidad, y

▶ Es capaza de persuadir con su mensaje de manera eficaz.

✡ *Confesión de fe*

Es el paso en el que el evangelizador siente que su trabajo está dando frutos, por lo que es una de las partes más gratificante de la obra evangelizadora. Lo cual nunca debe significar, que siempre veremos en la Iglesia a quienes les predicamos el evangelio de nuestro Yeshúa.

Lo que sí es mandatorio para nosotros como pregones de justicia, es hacerles el llamado a las personas a creer y aceptar al Mesías y Salvador como Rey de sus vidas. Obedeciendo al llamado que se nos hace a través de la carta a los Romanos.

"Si con tu boca confiesas a Jesús como Señor y crees en tu corazón que Dios lo resucitó de entre los muertos, serás salvo, porque con el corazón se cree para justicia y con la boca se confiesa para salvación."

Romanos 10:9-10 BTX

Es esencial comprender que el texto dice que con la boca debemos confesar a Jesús como nuestro Señor, lo cual es una señal de que delante de los hombres y las entidades espirituales estamos reconociendo el señorío de nuestro Redentor.

Como segundo punto, el texto está indicando que se debe creer por medio del corazón que hubo un acto de resurrección por parte del Mesías. Reconocerlo con este miembro tan importante del cuerpo, nos conduce a tener acceso a la salvación. Pues creer en el levantamiento de la tumba de nuestro Libertador, es afirmar que él tiene vida y por tanto nos puede dar eso que tiene.

Los 5 elementos esenciales que deben estar presentes a la hora de realizar la oración de arrepentimiento, por aquellos que deciden aceptar a Jesús como el salvador de sus vidas son los siguientes:

- ▶ Reconocer que han pecado
- ▶ Reconocer a Jesús como salvador
- ▶ Creer en el sacrificio de Jesús en la Cruz
- ▶ Estar consciente de la vida de cambio que inicia
- ▶ Pedir fortaleza para caminar en el sendero de la salvación

✡ *Orar por los enfermos*

La oración por los enfermos es un elemento crucial a la hora de hacer evangelismo, no solo personal sino de cualquier otro tipo. Debido a que muchas de las personas que conocemos ya sea en sus hogares, en la calle, iglesia o en algún centro de salud, tienen familiares enfermos y requieren que vayamos a orar por ellos.

Lo cual es a su vez una oportunidad maravillosa para hablarles de la necesidad de asegurar su alma, garantizando su acceso a la vida eterna. Claro está sin dejar de lado la oración de sanidad por las vidas que así lo requieran.

> *"La oración de fe sanará al enfermo y el Señor lo levantará. Y, si ha pecado, su pecado se le perdonará."*
>
> *Santiago 5:15 NVI*

En este verso el apóstol revela un dato muy interesante, que viene como consecuencia de realizar una oración de fe para con los enfermos. El cual consiste en el perdón de los pecados cometidos a la persona con afección física, por la cual se está realizando un clamor de sanidad ante nuestro Abba.

En ese mismo orden es importante entender que tenemos un mandato claro de visitar a los enfermos conforme lo dice *Mateo 25:36*. Esto es parte de nuestras funciones como miembro de la Iglesia, lo cual a su vez es una maravillosa oportunidad de evangelismo.

Pues si algo es claro en el área evangelística, es que las señales nos van a seguir y muchos enfermos serán sanados por medio de nosotros. Por lo que debemos entender que orar por los enfermos es una de las maneras más efectivas de promover esta verdad eterna.

REFLEXIONEMOS

Llegar al corazón de las personas, por medio de palabras llenas de amor y misericordia era uno de los enfoques primarios de nuestro amado Mesías. Por ello esta modalidad de evangelismo tiene aún en nuestros tiempos una importancia capital.

Ya que su propósito radica en el respeto a los demás sin dejar de tocarles, en la confrontación, sin llegar a la discrepancia, en la sanidad del alma sin llegar a la adulación. Para que la palabra de salvación penetre y halle morada, en esos corazones con necesitad de cambio.

GUÍA DIDÁCTICA

1. *¿Cuál es el secreto de la efectividad del evangelismo personal?*
2. *Dentro del contexto de visita a los hogares define el evangelismo a domicilio*
3. *¿Cuáles son los principales elementos a tomar en cuenta al hacer evangelismo en centros penitenciarios?*
4. *¿Es un mandato hacer evangelismo en los centros de salud? Explique su respuesta.*
5. *¿Según sus consideraciones, Por qué el afecto, la identidad, la libertad y socialización son necesidades básicas?*
6. *¿Cuál pudiera decirse es la debilidad per sé que tiene la entrega de literaturas y tratados?*
7. *¿Qué nivel de importancia tiene evangelizar en pareja?*
8. *¿Existe alguna razón para que el mensaje evangelístico sea breve? Amplíe su respuesta.*
9. *¿Cuáles pudieran ser las consecuencias de discutir de doctrinas y creencias con los evangelizados?*
10. *¿Por qué razón debemos centrar el mensaje en la figura de Jesucristo?*
11. *Liste los elementos que involucran la confesión de fe conforme a Romanos 10:9-10.*
12. *¿Por qué orar por los enfermos es una manera de hacer evangelismo?*
13. *¿Cuáles son sus consideraciones respecto del evangelismo espontáneo?*

CAPÍTULO 4

EVANGELISMO EN LOS MEDIOS DE COMUNICACIONES

"Si predicas lo que Jesús predicó, vas a tener más o menos la misma reacción -gente queriendo matarte".

— *R.C. Sproul*

Los medios de comunicación son de gran ayuda en lo que al evangelismo se refiere. Los mismos en sus diversas modalidades han contribuido a la proliferación de las buenas nuevas en todo el planeta tierra. En este sentido la Iglesia puede cumplir plenamente con el versículo bíblico:

"Y este evangelio del reino será proclamado en toda la tierra habitada, para testimonio a las naciones, y entonces vendrá el fin."

Mateo 24:14 BTX

A continuación, estaremos definiendo el evangelismo a través de los diversos medios de comunicación que disponemos:

✡ Evangelismo en los medios impresos

A partir del año de 1448 en el que se inventa la imprenta, a la iglesia de Jesucristo se le confiere una oportunidad de oro, para que la misión de predicar el santo evangelio del Reino de los Cielos pudiera llegar a la inmensa masa de personas a lo largo y ancho de todo el mundo.

Esto se demuestra con la impresión de la Biblia, siendo uno de los primeros libros en imprimirse en la imprenta desarrollada por Gutenberg. Es uno de los libros con mayor nivel de impresión anualmente y el que tiene más copias impresas en la historia, superando los 6,000 millones de impresiones.

A través de estos datos vemos la importancia de los medios impresos en la propagación del evangelio de Jesucristo. Los cuales a pesar de los avances tecnológicos representan una excelente herramienta para proliferar las buenas nuevas de salvación.

En este sentido podemos ver a Pastores, ministros, evangelistas, cantantes, comunicadores y periodistas de las filas eclesiástica, haciendo uso de estos medios para llevar palabras de esperanza y de salvación a quienes lean estos escritos.

Es una manera de alcanzar a personas de diferentes estatus sociales, etnias, color e ideologías, para nuestro amado Mesías. Por consiguiente, a través de estos medios se puede hacer una proyección del avance que ha tenido el evangelio en los últimos tiempos.

Es por ello que en los ministerios evangelísticos debemos preparar a personas de todas las áreas del saber. Así como de los diferentes extractos y niveles sociales, para de esta manera proyectar un alcance global en el ámbito que nos atañe.

Quiero enfatizar que este tipo de evangelismo, debe ser un foco al cual apuntemos nuestros cañones. Ya que por medio de el se hace posible llegar a muchedumbres, que por otro método no podemos alcanzar.

Cuando empleamos los periódicos llegamos a personalidades de la política, la cultura, de las instituciones públicas y empresarios. Así como a los amantes del periodismo, la comunicación y a muchos que hurgan en estos medios para mantenerse informados.

Sin embargo, cuando recurrimos a medios como las revistas, llegamos a personas que son amante de la moda, las sociales, o de temas específicos de los que se nutren, ya sea semanal o mensualmente. En realidad es un grupo más selecto, pero no menos importante, al cual debemos prestar la requerida atención.

En otro sentido cuando empleamos vayas o carteles publicitarios estamos llegando a quienes, en vehículos públicos, privados o de a pie transitan por las diversas vías terrestres, los cuales son la gran mayoría de la población.

Tienen un alto costo, pero vale la pena poder llegar a tantos y tantas. En este sentido ese tipo de medio puede usarse en momentos seleccionados y en lugares específicos. Para que el costo no absorba el presupuesto de otras de actividades.

Queridos lectores, es importante destacar que el medio impreso de mayor alcance e importancia es la Biblia. Por lo tanto, es de vital importancia que compartamos su contenido y que de manera persistente instemos a la lectura de la misma.

En tal sentido las iglesias y ministerios pueden emplear el regalo de Biblias a personas, comunidades o grupos selectos. Práctica que sabemos no es nueva, pero a la que le podemos seguir sacando mucho provecho.

Sobre el particular, aprovechamos este medio de capacitación, para instar a los que tienen esta vocación o llamado a la predicación del evangelio del reino, a que escriban libros de alcance evangelístico, para llegar a los que aún no pertenecen a la grey del Señor.

Este es un nicho bastante virgen en muchos de los países Latino Americanos y del mundo. Lo cual nos da la oportunidad de llegar a muchos por medio de la lectura de buen nivel. Ya sea a través de obras literarias, así como de contenido sociológico para alcanzar a quienes desean llegar a Jesús, pero no han encontrado el medio que los conduzca a Él.

✡ *Evangelismo narrativo*

Este método de evangelismo es muy utilizado en diferentes vertientes. Pero muchas de las veces en que se utiliza, quien lo emplea no se da cuenta de su uso propiamente. Ya que el mismo se auxilia de historias e ilustraciones, tanto de carácter bíblicas como extrabíblicas, para llevar a cabo la transmisión del evangelio propiamente dicho.

Una forma de evangelismo narrativo muy empleada a la hora de predicarles a otros sea de manera personal o a un conglomerado de personas lo representa el testimonio.

Esta herramienta es un arma favorable a la hora de llevar el mensaje de salvación. Asumiendo que la misma se maneje de manera adecuada, pues un mal uso de esta, ya sea utilizando un lenguaje soez, así como la mención de eventos de violencia extrema, más que edificar produce espanto y resistencia.

Cabe destacar, que dentro de esta categoría pueden ser citadas las novelas. Con la particularidad de que este tipo de literatura en el ambiente cristiano son en realidad muy escasas, pero es posible que en el futuro se desarrolle.

✡ *Evangelismo radiofónico*

Una de las razones de ser del evangelio, es que el mismo debe ser difundido. Así que la radio es un medio que ha ayudado a la difusión a gran escala de la palabra redentora, por medio de los evangelistas, que en todos los continentes han empleado este tipo de medio para su propagación.

Algunas de las bondades más relevantes que tiene la radio para la comunidad cristiana son:

► El comunicador cristiano que hace uso de la radio para predicar la palabra de Dios puede predicar en un corto periodo de tiempo a una gran cantidad de personas. Dependiendo de la amplitud o alcance que posee el medio.

► A través de la radio podemos ingresar a sus hogares directamente y predicarles el evangelio de salvación cuasi cara a cara a los oyentes.

► La predicación por medio de las ondas hertzianas penetra a muchos lugares a los que no se nos hace posible llegar de manera personal. Estas pueden ser escuchadas en el lugar de trabajo, en la playa, en la bañera, en la silla del odontólogo, en las tiendas, hasta en la sala, en un cuarto y en la cocina.

► La potencia de una radio permite llegar a una gran cantidad de la población adulta que no saben leer y escribir, pero que son devotos escuchando este medio. Por lo que fácilmente se puede llegar a ellos y exponerles el evangelio de salvación.

► Las emisiones de programas evangélicos de buena calidad son capaces de romper los paradigmas, en aquella audiencia que tenemos con tintes religiosos y que se rehúsan a escuchar el evangelio.

► Desde las cabinas radiales, aunque no sabemos qué problemas está atravesando cada uno de los oyentes. Podemos brindarles un mensaje impactante puesto que conocemos su contexto cultural y las necesidades más apremiante de la población en general.

Un ejemplo de éxito radiofónico en el mundo cristiano lo es la cadena radial RTM, o TWR (Trans World Radio, en inglés) es la organización internacional cristiana de radiodifusión de mayor alcance en el mundo, que transmite en *180* idiomas, con más de *2000* horas semanales en FM, onda corta, media, larga, por cable y redes (networks) por satélites, a *160* países. En Europa, TWR-RTM Europe usa varios canales de *24* horas en los satélites de Eutelsat, Astra y Hot Bird.

✡ *Evangelismo televisivo o tele-evangelismo*

El tele-evangelismo También ha sido llamado tele-"distancia" y teleministry. El mismo, consiste en el empleo de los medios de comunicación, muy específicamente la radio y la televisión, para establecer contacto con las comunidades no cristianas y exponerles el mensaje de nuestro Adón.

Esta técnica de predicación inició en los Estados Unidos, a través del acceso que muchos ministros lograron tener a los medios de comunicación antes citados. Así pues, fuera que tuviesen o no una congregación a su cargo, estar en capacidad de difundir el evangelio a través de las bondades que la tecnología provee por medio de estos recursos comunicacionales.

El cristianismo siempre ha procurado cumplir con el llamado a la predicación del evangelio, citado en *Mateo 28:19-20*. Por ello a lo largo de la historia se han utilizado diversos métodos para alcanzar estos fines, y uno de los más poderosos lo es la radiodifusión.

De la cual hablamos en el apartado anterior *"Evangelismo Radiofónico"*, pero que tocaremos en este momento. Debido al uso combinado que se le puede dar con la televisión en el orden nacional e internacional.

Haciendo un poco de historia sobre el uso de las ondas hertzianas en el contexto de la Iglesia evangélica, podemos decir, que para el *1920* las asociaciones misioneras se dieron cuenta que la radio era un medio a través del cual se podía realizar un trabajo de mayor alcance.

Razones por las que muchos cristianos estaban entre los primeros productores de programas de radio. Esto en principio fungió como un apoyo al sistema de misiones tradicional, que se llevaba a cabo en países como los Estados Unidos de Norte América.

Posteriormente y muy específicamente para el 1930, muchos predicadores habían establecido programas radiales con excelentes resultados. Uno de los pioneros en este aspecto lo fue S. Parkes Cadman quien inició su programa en 1923 y para 1928 tenía en su programa semanal de los domingos por la tarde en la NBC una audiencia de cinco millones de personas, aproximadamente.

En cambio, a lo referente a la televisión hubo que esperar un poco más de tiempo, pues a pesar de que la misma inició en la década de 1930, no fue empleada para fines religiosos hasta el 1950. Iniciando con *Jack Wyrtzen y Percy Crawford.*

A partir de ahí vemos otras grandes figuras del cristianismo que acuñan este importante medio de comunicación para predicar el evangelio a los no creyentes y para dar sostén a las comunidades cristianas previamente establecidas.

El primero en ser llamado tele-evangelista fue *Fulton J. Sheen* quien hiso la transición de la radio a la televisión y obtuvo numerosos premios Emmy por el programa que desarrolló a lo largo de toda una década.

Otro nombre sonoro es el del fenecido *Billy Graham* quien estableció una combinación de radio y televisión internacional. A partir del antes citado, iniciaron una gran cantidad de evangelistas como los son: *Oral Roberts, Jimmy Swaggart, Jim y Tammy Faye Bakker, Jerry Falwell, Pat Robertson.*

REFLEXIONEMOS

Las radiaciones electromagnéticas y dentro de estas las ondas de radio, así como el papel, la tinta y otros elementos complementarios, nos han dado la oportunidad de trasmitir vida a quienes acceden a los medios de comunicaciones existentes.

Sin discriminar en algunos de ellos, pero sin dejar de ser selectivos en otros. Con la firme convicción de comunicar una verdad sensible, necesaria y evidente en la vida de los adeptos a cada uno de estos recursos comunicacionales.

GUÍA DIDÁCTICA

1. ¿Cuál es el impacto de la imprenta en la predicación del evangelio?
2. ¿Cuál es el mayor aporte de los medios de comunicación a la proliferación del mensaje de la cruz?
3. ¿Es el evangelismo narrativo un método al que se le puede sacar mucho provecho? Amplíe su respuesta.
4. ¿Dónde inicia el tele-evangelismo y que proyección le ha dado a la difusión del evangelio?
5. Liste dos o tres de las bondades más llamativas del evangelismo radiofónico

CAPÍTULO 5

EVANGELISMO EN LAS ARTES

"Antes de que se ponga el sol, piensa en algún acto que lleve a la conversión de alguna persona y ejecútalo con todas tus fuerzas".

— Charles H. Spurgeon

Hacer evangelismo por medio de las artes es una técnica muy innovadora y que puede captar la atención de los que presencien el acto mostrado. Significando esto, que podemos llegar por medio de esta metodología a un grupo selecto de personas que son amantes de las diversas manifestaciones del arte.

Pero de igual manera podemos alcanzar otro grupo de personas que no se definen con un tipo de arte en específico. Pero que pueden con cierta facilidad disfrutar de un evento bien estructurado, lo cual es un ancla que nos da firmeza para llevar este mensaje que hemos recibido como encomienda.

✡ *Evangelismo teatral o dramático*

Es uno de los métodos de expresión evangelísticas más antiguos, el cual fue empleado por los españoles, en las conquistas de las indias en el 1523. Para de esta manera no solo expandir la conquista militar sino también la religiosa.

Sin embargo, no permaneció durante mucho tiempo debido al hecho de que se hacía en latín, para mantener los dogmas de Roma. Lo que provocó que los aborígenes principalmente de la zona de México se fueran desencantando de las obras teatrales.

Por tal razón debemos entender que, aunque empleemos las bondades del lenguaje en su mejor connotación. La importancia primordial en el evangelismo es que el mensaje llegue a las masas de la mejor manera posible.

Por tanto, el empleo de un lenguaje entendible para los auditores es básico. Por ellos los conquistadores tuvieron que aprender el idioma nativo el Naualt, para de esta manera lograr el cometido más importante; ser entendible por los receptores.

El teatro posee múltiples técnicas que son armas favorables para alcanzar a las masas. Tenemos un buen número de expresiones teatrales que logran conectar con las personas, más que cualquier predicación de tipo expositiva.

El elemento visual juega un papel importante a la hora de transmitir cualquier enseñanza, y el teatro conjuga no solo lo visual, si no otras tantas herramientas del aprendizaje, que vale la pena invertir en este tipo de evangelismo.

El cual por su complejidad y la preparación artística de sus participantes ha ido decayendo con el tiempo. Sin embargo, muy a pesar de su baja es una de las maneras más efectivas de evangelismo, lo cual es importante que lo tengamos presente.

A continuación, citamos algunos de los tipos de teatro que tenemos:

- ► Teatro cómico
- ► Teatro trágico
- ► Teatro infantil
- ► Teatro al aire libre
- ► Teatro de títeres
- ► Teatro pedagógico
- ► El entremés
- ► El Teatro Absurdo
- ► Teatro de inmersión
- ► Teatro mímico

✡ *Evangelismo cinematográfico*

Estamos en presencia de una de las técnicas evangelísticas de mayor alcance en los últimos años. El séptimo arte tiene un efecto audio visual de gran éxito en la mayoría de los telespectadores, especialmente cuando el guión tiene la capacidad de conectar emotiva y cognitivamente con los receptores.

Esta es una herramienta que ha ido teniendo mucho auge en los estudios de Hollywood y otras grandes plazas del séptimo arte. Lo podemos ver, a través del franco ascenso que en los últimos años han estado teniendo los grandes mercados cinematográficos del mundo, por el aporte de directores e inversionistas del mundo judeo-cristiano, o personalidades interesadas en promocionar los valores bíblicos.

De igual forma los mercados cinematográficos en la américa latina poco a poco han ido dando pasos de importancia. Aunque aún sigue siendo una plaza a desarrollar a gran escala, lo que entendemos se logrará en algún momento.

Pues los costos para el empleo de esta metodología son bastante elevados, lo cual hasta cierto punto limita su uso de manera continua. Sin embargo, es menester nuestro, conocer la benevolencia de este arte a la hora de transmitir el mensaje de vida.

Pues por medio del cine podemos alcanzar a los que no van a las congregaciones, los que no llegan a una campaña o cruzada evangelística o aquellos que ni siquiera abren las puertas de su casa para que la palabra de Dios penetre. Sin embargo, por medio del séptimo arte si podemos alcanzarlos sutil y eficazmente.

✡ *Evangelismo a través de la música*

La música es uno de los elementos más llamativos para los seres humanos, ya que a través de ella es posible conectar emociones y sentimientos.

Es empleada en todas las sociedades del mundo, en base a la cultura que los individuos a lo largo de su vida hayan desarrollado. En este sentido cada país o nación suele tener ritmos y géneros musicales característicos atados a su idiosincracia y tradición.

Por lo tanto, emplear la música como un medio para conectar con las personas no conversas, es una estrategia evangelística de primer orden.

Muchos cantantes e intérpretes del ámbito cristiano, han entendido el alto nivel de la influencia que esta tiene para llevar el evangelio y están aprovechando sus bondades, para transmitir el mensaje de salvación, a todos los niveles.

Es importante comprender que en el evangelismo la idea es llegar a todos y todas, sin distinción y sin limitaciones. Empleando por ende los recursos y métodos más apropiados para tal fin; por supuesto sin entrar en contradicción con los principios bíblicos establecidos.

La música es una de las manifestaciones del arte más excelsa y comprender su utilidad y alcance nos ayudara a seguir siendo efectivos, en la misión de expandir el mensaje del Reino de los Cielos.

✡ *Evangelismo por medio de la danza*

La danza es una manifestación artística antiquísima, empleadas en este sentido por las sociedades más antiguas del mundo, incluyendo dentro de ellos a los judíos. Con una gran variedad de manifestaciones.

Ciertamente como todos los elementos empleados por la Iglesia de nuestro Adón, debemos tener cuidado con la modalidad a emplear. Procurando que siempre se exalte a nuestro Dios y que por medio de ella se lleve el mensaje de salvación a todos los que no han llegado a la casa de nuestro Amado Mesías.

A través de la danza podemos captar la atención de personas de todas las edades y estatus sociales. Por lo que utilizarla mezclada sabiamente con otros métodos de predicación y exposición bíblica, suele causar una conmoción espiritual en los presentes.

Capaz de atraerlos a las filas de los salvados y redimidos por el cordero, sin tener que recurrir a los tradicionales métodos evangélicos que, en vez de atraer a los visitantes a los eventos, tiende en la mayoría de los casos a alejarlos, por el acoso desmedido de muchos hermanos para que formen parte del redil del Señor.

REFLEXIONEMOS

Las artes son el resultado de los dones de Dios dados a los hombres, con la finalidad de que este último pueda disfrutar en su máxima expresión de ellos. Por esta razón, que este renglón tan importante de la vida del ser humano se emplee para llevar las buenas nuevas es algo maravilloso.

Pues estaríamos empleando lo de Dios, para llevar su mensaje a quienes aún no reconocen cual es la raíz que los engendro. Por ello la iglesia debe ser diligente en utilizar estos recursos del arte para proclamar el Evangelio del Reino.

GUÍA DIDÁCTICA

1. *¿Cuáles son las bondades de hacer evangelismo por medio de las artes?*
2. *¿Por cuál motivo la evangelización de las Indias fracaso en primera instancia?*
3. *¿Por qué el teatro es un medio de transmisión del evangelio muy efectivo?*
4. *¿Cuáles elementos han influido para que el evangelismo cinematográfico este en franco ascenso?*
5. *¿Cómo podemos emplear la música en la predicación de las buenas nuevas?*
6. *A resumidas cuentas ¿Considera usted que el arte es un medio de expansión capaz de impactar a los no creyentes? Justifique su respuesta.*

CAPÍTULO 6

EVANGELISMO CIBERNÉTICO

"Hubo una vez en el mundo, un pesebre, y en ese pesebre,
algo más grande que el mundo".

— *C. S. Lewis*

Esta categoría de evangelismo, es la que se caracteriza por el uso de una amalgama de herramientas y plataformas tecnológicas. Las cuales recibimos a raíz de los avances científicos y tecnológicos de los siglos *20* y *21*, en este caso esencial por la invención y proliferación de las redes de comunicaciones y la interconexión de estas.

En este sentido la Internet ha venido para revolucionar la manera en la que podemos comunicarnos con las personas alrededor del mundo, sin la necesidad de desplazarnos grandes distancias en automóvil, ir en avión o tener que abordar un barco transoceánico.

Esto nos ha acercado a tantas personas alrededor del mundo que no hay manera de que podamos obviar nuestro llamado a evangelizar. Empleando las bondades tecnológicas, que podemos conseguir por medio de la autopista interconectada más grande del mundo.

Siempre es importante tener presente que debemos hacer el mejor uso de cada una de las ventajas del ciber mundo. Para que nuestra misión no se vea entorpecida o manchada, por elementos discordantes que fueron tomamos en cuenta a la hora de adentrarnos en este tipo de evangelismo, en el que se emplea el desarrollo de la tecnología de la información y las comunicaciones, Tics.

Dentro de esta modalidad de evangelismos podemos encontrar algunas técnicas o herramientas tecnológicas que se emplean para cumplir con la evangelización empleando la internet como medio para poder transmitir el mensaje.

A continuación, les citamos las diversas vías por las que podemos hacer este tipo de evangelismo:

✡ *Las Redes Sociales*

Son como La Plaza del Pueblo donde se puede empezar a evangelizar. Simplemente allí están todas las personas que son conocidas y es una excelente forma de hablar del Mesías, a conocidos y amigos.

Son una buena oportunidad para llevar el mensaje de salvación a las diversas personalidades que tenemos en las redes sociales existentes. Pues por medio de ellas podemos escribir mensajes, interactuar de manera individual o grupal. También compartimos documentos de carácter evangelizador, ya sean estos textos, audios, videos o de cualquier otro tipo.

En muchas de estas redes sociales ni siquiera tenemos que crear contenido. Sino que podemos auxiliarnos de contenidos de otros hermanos, ministerios u organizaciones evangelizadoras y compartirlos con quienes estamos interesados alcanzar.

Las redes sociales son uno de los aportes tecnológicos y científicos que tienen un impacto directo en la mayoría de las naciones del mundo, por no decir todas. Es, por tanto, que en el sentido evangelístico podemos a través de estas plataformas tecnológicas dar fiel cumplimiento al versículo bíblico:

> *"De cierto, de cierto os digo: El que cree en mí, las obras que Yo hago, también él las hará; y mayores que éstas hará, porque Yo voy al Padre."*
>
> *Juan 14:12 BTX*

Algunas de las más concurridas y empleadas en la actualidad son: WhatsApp, Facebook y Messenger, Instagram, Telegram, YouTube, Twitter, Tiktok, Pinterest, entre otros.

✡ *Los Blogs*

Son una buena herramienta de expresión cristiana. No hay que verlo como algo principal, sino como un complemento de nivel secundario pues nadie estará *24* horas en un blog, pero esporádica o diariamente se puede escribir un devocional cristiano.

Es importante tratar de escribir títulos impactantes y llamativos para los visitantes, procurando con esto captar su atención, de manera tal que el Espíritu Santo pueda en su función de convencimiento, terminar el trabajo que iniciamos con un devocional, una reflexión entre otros.

Los blogs tienen como característica principal, tocar temas muy puntuales, con un contenido rico, pero no muy extenso, para no fatigar a los lectores. Podemos maximizar el contenido de este, colocando imágenes, insertando hipervínculos a videos, documentos y demás.

✡ *Páginas Web / Sitios Web*

Son un medio muy efectivo a la hora de hacer evangelismo. Ya que nos permite tener un seguimiento de los visitantes de estas en la mayoría de los casos. Ya sea a través de formularios que puedan llenar o a través de algún tipo de interacción en línea, como por ejemplo un live chat.

Aunque las páginas web son un tanto formales y para un público que las haya conocido por alguna vía. Pero por eso no dejan de ser una excelente opción para que los no conversos alcancen llegar a la Iglesia de nuestro Adonai.

En las mismas podemos tener materiales evangelísticos muy formales, del tipo de devocionales diarios, frases o versículos bíblicos seleccionados. Los Mensajes clasificados por temas específicos también son una muy buena opción para llamar la atención de los visitantes esporádicos o frecuentes.

De igual maneras las imágenes con mensajes de tipo bíblico o de crecimiento y avance suelen ser muy efectivos. Así como los videos por medio de los cuales se predica este evangelio del Reino de los Cielos, ya sea en forma de reflexiones o testimonios de diversas personalidades.

Un elemento importante a agregar es tener un chat en línea que permita que los visitantes puedan solicitar que se ore por sus peticiones. Así como realizar su confesión de fe por esta vía con la intervención directa de una persona comisionada para tal fin.

✡ *Transmisiones en vivo*

Una modalidad de evangelismo, empleando las bondades de la tecnología para ello, lo representan, las transmisiones en vivo (live), a través de la cual se desarrolla un mensaje propiamente, o algún tipo de enseñanza, cuyo fin es la predicación de nuestro Mesías.

Esto lo podemos realizar a través de diversas plataformas digitales, que poseen un alcance mundial, y de esta manera la palabra de vida eterna les puede llegar a cientos y miles de personas alrededor del mundo. Haciendo esto podemos dar fiel cumplimiento a la misión emancipadora de las buenas nuevas de salvación.

Con un toque de modernidad y de técnicas bien definidas, por medio del empleo de equipos profesionales, o en su defecto equipos de gama media, se hace posible llevar contenido de calidad y con los estándares requeridos, a cientos de personas que están presentes en las variadas plataformas digitales de las que disponemos. Para que se nos facilite llegar a la mayor cantidad de personalidades, en los rincones más remotos del planeta.

Estas transmisiones en vivo las podemos realizar a través de plataformas o redes sociales como, Facebook, YouTube, Instagram, y muchas otras más de las que nos podemos auxiliar para difundir el evangelio del Reino de los Cielos.

✡ *Videos on demand*

Así como empleamos las transmisiones en vivo, podemos disponer de los videos ya subidos a las diferentes plataformas, para que quienes no pueden verlos al momento de transmitir, lo puedan ver en diferido. Absorbiendo el contenido producido como si estuviesen viéndolo en vivo y a la velocidad que ellos deseen.

En un mundo convulso por las constantes ocupaciones que tienen los individuos, se hace difícil ver una transmisión en vivo. Sin embargo, una vez este contenido ha sido subido a una plataforma como Facebook, YouTube, Instagram, Twitter, TikTok y otras más, las personas pueden verlo en el momento que deseen y a su propio ritmo.

Esto hace que las visualizaciones posteriores a la transmisión en vivo, sean exponencialmente mayores. Por lo que es importante a la hora de hacer este tipo de evangelismo, que no estemos tan pendiente a quienes nos ven en directo y que más bien comprendamos que una gran cantidad de personas en los diferentes países, estarán consumiendo este producto que se llama Evangelio de Jesucristo.

REFLEXIONEMOS

Los avances de la interconexión de redes informáticas en la amplitud y el espectro del globo terráqueo, nos han dado la oportunidad de llegar a etnias que no imaginamos, a lugares muy distantes y desconocidos.

Proveyéndonos, por tanto, de herramientas útiles, sutiles y de alto impacto para la propagación y diseminación del mensaje de salvación y de vida eterna. Por ello debemos esforzamos de manera planificada y con un foco definido en llevar esta encomienda a todos los rincones del planeta.

GUÍA DIDÁCTICA

1. ¿Considera usted que la internet ha venido para revolucionar la manera en la difundimos el evangelio? Explique su respuesta.
2. ¿Qué implicación al tema que nos atañe tiene el versículo de Juan 14:12?
3. Mencione las redes sociales del ciber mundo que más le atraen a la hora de predicar el evangelio. Justifique su respuesta
4. Con ejemplos prácticos, ¿cuándo es correcto emplear transmisiones en vivo o realizar videos para ver a demanda?

CAPÍTULO 7

EVANGELISMO ESTRUCTURADO

"Necesitamos Predicadores que prediquen que el infierno aún es eterno, Que el Cielo aún es real, Que el pecado aún está mal, Que la Biblia es la Palabra de Dios, Y que Jesús es el único camino de Salvación".

— A. W. Tozer

El evangelismo estructurado consiste, en el empleo de técnicas con un nivel organizacional y estructural que implica cierto grado de complejidad. Tanto a la hora de realizar la planificación, como al momento de llevarlo a la práctica. Debido esto a la cantidad de personas, recursos y logística que se tiene que emplear.

En esa misma dirección, cuando estemos frente a un proyecto evangelístico de este tipo, se deben definir los elementos que construirán los cimientos estructurales del método evangelización que hemos considerado, para un determinado lugar, fecha y hora.

Dentro de este método de evangelismo tenemos algunas variantes que son importantes tomar en cuenta:

✡ *Invasiones evangelísticas*

Esta es una modalidad de predicación, en la que se convocan a congregaciones y ministerios, para dirigirse a un lugar previamente fijado para predicar el evangelio, preferiblemente en equipos de dos. Llevando la palabra de vida a las casas, centros comerciales, así como a todo el que se encuentre en el camino.

Es importante tener pendiente que se sale de un punto de reunión y se retorna al mismo lugar u otro previamente señalado y conocido por los que participan en esta evangelización masiva.

En muchas ocasiones este tipo de forma de jornada evangelística finaliza con un servicio masivo, una vez que ha culminado la predicación de la palabra de Dios a los no conversos por medio de los hombres y mujeres que han estado diseminados en el lugar de evangelización.

✡ *Viajes misioneros*

Estos se definen principalmente por ser técnicas de evangelismo bien planificadas, por ministerios e iglesias. Ya que se requiere de una coordinación mesurada, en cuanto al tiempo en el que se ejecutará, los misioneros a convocar y el lugar al que se desplazarán a realizar la obra evangelizadora.

De igual forma debe evaluarse el o los medios de transporte que se emplearán, el tiempo de duración del viaje misionero como tal. El cual tiende a pasar de varios días por la distancia a la que se desplazan los misioneros.

En caso de ser a otro país suele durar semanas, meses y hasta un año. Dependiendo del nivel de alcance que se pretenda tener. Por tanto, es imperativo que todo esto se defina con anterioridad, para que los participantes vayan aprovisionados lo mejor posible.

Es importante que todo misionero al ser enviado entienda, que este ministerio es una entrega de tipo incondicional. Por tal razón debe existir un desprendimiento de muchos anhelos, deseos y sueños particulares. Para focalizar todas sus fuerzas en la expansión del Reino del Eteno en la tierra.

✡ *Concentraciones evangelísticas*

Son eventos multitudinarios a través de los cuales podemos reunir un grupo de no creyentes en determinado lugar, con el propósito de llevarles el mensaje de salvación. Por medio de un programa pre elaborado que busca como fin principal, persuadirles primero a llegar a este encuentro y luego a recibir al Yeshúa como salvador de sus vidas.

Poseen en su estructura organizativa, un espacio para la oración en el que se agradece por el tiempo en el que se encuentran y se intercede a favor del desarrollo de la actividad. Esto es lo que crea la plataforma para fundamentar el trabajo que se está llevando a cabo.

Siguiendo esa misma línea, tendremos un espacio de adoración al padre, por medio de canciones e interpretaciones que nos conectan con él. Los músicos y cantantes concentran todos sus recursos para llevar a través de canticos un mensaje de cambio, perdón, reconciliación, regeneración y salvación a los presentes.

La parte cúspide de dicho evento es la exposición del mensaje del o la evangelista comisionada para tal fin. Los cuales deben de manera expositiva enunciar las palabras apropiadas para que los receptores sean confrontados, abrazados, sanados y por ende salvados.

Estos eventos se caracterizan por tener una duración aproximada de una hora y media a dos horas. Lo que los hace muy efectivos, sabiendo manejarlo de la manera apropiada. El tiempo de duración no implica que los costos no sean elevados, razones por las cuales se debe tener una buena planificación para que surta los resultados esperados.

✡ Cruzadas evangelísticas

Este es el evento cúspide del evangelismo a las masas. Por lo cual todo lo referente a la organización de este tipo de actividades, abarca las técnicas que hemos visto anteriormente y un poco más.

Así pues, llevar a cabo una actividad de esta envergadura requiere de una buena gestión. Así como de una preparación espiritual a gran escala de quienes estarán involucrados en el montaje y desarrollo de la misma.

La cantidad de recursos que conlleva un evento de esta naturaleza va a depender de cuales sean las pretensiones del equipo de producción. En ese sentido el lugar en donde se llevará a cabo el evento es el punto clave, pues esto determinará los siguientes elementos:

► Equipos de sonido a emplearse
► Tipo y características de la iluminación

- Equipo multimedia a utilizar
- Cantidad de asientos a tener
- Tipo y tamaño de plataforma a emplear
- Cantidad de servidores y disposición de estos

Una de las características principales de las cruzadas evangelísticas, es que estas se extienden por un mínimo de tres días. Llegando en muchos casos a tener una duración de una semana o más, dependiendo su extensión del nivel de convocatoria que se haya planificado.

Este tipo evento se puede dividir en las siguientes partes:

- Dirección o producción del evento.
- Oración e intercesión
- Adoración o lirica
- Mensaje de la palabra de Dios
- Cierre o clausura

En el nuevo testamento vemos múltiples eventos de este tipo protagonizados por Jesús. Con la iglesia apostólica vemos también este tipo de concentraciones espontáneas y el primero está en el libro de los hechos de los apóstoles capitulo *2:14-47* en el día de Pentecostés y en *Hechos 3:11-26* cuando Pedro habla a los Israelitas en el templo, tras el milagro del paralítico que pedía en la puerta llamada la Hermosa.

Tenemos que aclarar que en aquellas ocasiones no había una convocatoria como la que debemos hacer en el día de hoy. Pero siempre es importante tomar en cuenta, que el Espíritu Santo llevará a las reuniones aquellas personas que son confrontadas y sensibilizadas por él.

En otro ámbito, es de vital importancia que abordemos el tema de la recogida de ofrendas. El cual basado en nuestra posición estará condicionado a las directrices de la Iglesia, ministerio u organización que ha organizado el evento. Sabiendo que si se va a hacer uso de este recurso se debe justificar el empleo del mismo.

✡ *Evangelismo didáctico*

Por definición, este es el evangelismo que se realiza teniendo como fundamento la enseñanza de la palabra de Dios. Lo cual, de manera directa, alude al hecho de que quienes desean aprender de los fundamentos escriturales del Eterno se suman a uno de los grupos que operan bajo este principio de evangelismo.

Dentro de este método nos encontramos:

Las Escuelas Bíblicas de niños

A lo largo de los años se han desarrollado en diversos lugares con el fin de evangelizar a los infantes y por medio de ellos a muchas otras personalidades.

Estas han sido en muchos casos la base para una importante cantidad de las congregaciones que tenemos en el día de hoy. Lo cual habla de la efectividad que esta metodología puede tener si se trabaja en base al llamado de Elohim y a las buenas prácticas ministeriales.

Al referimos a esta clase de método evangelístico, estamos haciendo uso de la enseñanza bíblica en los infantes, como una manera de predicar el evangelio de Jesucristo. No solo a ellos sino también a sus padres, hermanos y demás familiares.

Pues está altamente comprobado que cuando un niño viene a los pies del Maestro, sus hermanos y sus padres le seguirán en algún momento. Esto debido al impacto que ellos crean en el seno familiar, por medio a la manera peculiar en la que insisten en transmitir, el mensaje de salvación.

Grupos celulares

Esta es sin duda la técnica de crecimiento eclesiástico más empleado en la actualidad. Especialmente por las congregaciones que se encuentran en las grandes urbes; ya que los métodos tradicionales de evangelismo se dificultan bastante.

Los grupos celulares suelen ser en gran medida una forma en la que se inicia un proyecto de Iglesia. Proyecto que en sentido general es apoyado por una congregación matriz, que provee apoyo espiritual, logístico y económico.

Dentro de los grupos celulares tenemos una variante que son los grupos familiares. Desarrollado por muchos alrededores del mundo, en este sentido vamos a desarrollarlo en el siguiente apartado.

Grupos Familiares

Estos grupos se caracterizan de manera principal por llevar el mensaje del evangelio a los hogares; y de esta manera ir llegando a cada una de las ramas que depende del tronco llamado familia, por medio de los integrantes del grupo.

La idea central radica en que se trabaje desde el seno de la familia, para desde esa posición lograr un alcance multitudinario en los diferentes sectores. Utilizando como base la casa de uno de los miembros de la iglesia, para desde allí ir alcanzando el vecindario y los familiares de los que están involucrados en el grupo.

Estos grupos pueden manejar de 10 a 20 personas. Consecuentemente la evangelización y otras áreas de la iglesia a la que pertenezcan los grupos, pueden ser desarrolladas a la perfección en este tipo de ambiente.

Estas agrupaciones de personas son conocidas de igual manera como Iglesias hogareñas. Las cuales manejan básicamente la misma misión y visión de la congregación madre. Una vez maduran y todos los miembros son creyentes, pues se convierten en un grupo de apoyo eclesiástico.

Grupos de oración

Este tipo de técnica es empleada en empresas e instituciones públicas, por muchos creyentes. La misma consiste en tener un espacio de oración y compartir espiritual antes de iniciar el trabajo o en un horario en el que se hayan puesto de acuerdo los participantes.

En este sentido por medio a las oraciones, las canciones y las palabras compartidas en los mismos. Muchos de los que no son creyentes llegan al camino de la salvación, y por consiguiente se convierten en promotores del evangelio dentro y fuera del círculo laboral y familiar.

Dicha metodología se ejecuta en un margen de tiempo corto, para no fatigar a los asistentes, así como para poder dar inicio o continuidad a las labores diarias. Es importante tomar en cuenta, que para emplear esta técnica de evangelización se debe contar con la autorización previa de los superiores inmediatos y gerentes de la empresa e institución.

Bajo esta prerrogativa de autorización no se quebranta ningún principio de autoridad espiritual. Por tanto, el trabajo será efectivo espiritual y operativamente, además se conservarán las buenas prácticas y ética laboral.

Por lo que, si no se cuenta con la autorización previa, es mejor abstenerse hasta tanto se consiga la misma.

Grupos deportivos

Consisten especialmente en jóvenes conversos que practican algún tipo de deporte y sienten la necesidad de compartir la palabra de Hashem con sus compañeros deportistas.

En este sentido comparten enseñanzas bíblicas en un tiempo que previamente hayan determinado. Fortaleciendo los lazos de amistad, de práctica deportiva e interrelación espiritual.

Estos grupos suelen ser muy efectivos, ya que muchos de los integrantes han visto el cambio de uno o de varios de sus compañeros al aceptar a Jesucristo. Lo cual es a su vez el arma, que de múltiples maneras logra tener un impacto en los que aún no se han acercado a Dios.

Ya que, en estos grupos los integrantes pueden compartir de sus experiencias de vida. Así como de sus debilidades y problemáticas, para de manera conjunta o por medio de los miembros más dotados adquirir la fortaleza y sabiduría necesaria para resolver cualquier situación de la cotidianidad de la vida.

De una u otra forma, es una excelente manera de hacer evangelismo apoyándose en todos los momentos, no solo en los que comparten en un espacio deportivo. Pues estos grupos se convierten en una hermandad en la que el uno a los otros se dan seguimiento.

Es importante entender que no todos los miembros deben ser conversos. Ya que la intención es compartir de la palabra de vida y de sus experiencias y que ellos puedan aceptar al Mesías, una vez tengan un encuentro con Él.

Grupos estudiantiles

Son agrupaciones que se caracterizan por compartir del evangelio del Adón, por medio del estudio de las sagradas escrituras. De igual forma se emplea la oración mancomunada de los miembros, como parte del fortalecimiento grupal.

Estos son de mucha importancia en la educación media o secundaria, así como universitaria. Ya que son etapas en las que los adolescentes y jóvenes están estableciendo amistades fuertes y duraderas. Así como fijando una serie de patrones de su personalidad, caracterizados por un mayor nivel de estabilidad.

El alcance que estos grupos logran obtener, en especial en el ámbito universitario, es tan fuerte que pueden en ocasiones influir en gran parte de la población estudiantil del campus, incluidos dentro de ellos las autoridades administrativas y el propio cuerpo docente de la institución.

Existen organizaciones internacionales que promueven este tipo de evangelismo en muchos países e instituciones a lo largo y ancho del globo terráqueo. Pues a pesar del desafío que estos grupos representan, está comprobado que el nivel de éxito que alcanzan justifica el esfuerzo realizado.

A pesar de que se busca alcanzar a los nos conversos para Jesucristo. También son un apoyo a todos aquellos estudiantes cristianos y que de alguna manera el ambiente académico los ha distanciado de la vida espiritual que tenían.

REFLEXIONEMOS

Si existe un área en la que en el pueblo redimido no debe improvisar, es en la predicación de las verdades eternas que nos han sido entregadas, para diseminarlas en todos los lugares habitados por el hombre.

Por ello, la planificación, organización y estructuración de metodologías de alcance evangelístico, tendrán un gran impacto en la vida de los que participan del entramado del evento, así como en aquellos para quienes se prepara el mismo. Procurando en todo momento que el Reino de los Cielos sea expandido en la tierra, por medio de hombres y mujeres que, dirigidos por el Espíritu Santo y las buenas prácticas, elevan la figura de nuestro amado Mesías, a los niveles de excelencia que le representan como Redentor y Señor.

GUÍA DIDÁCTICA

1. ¿Qué es importante definir a la hora de trabajar con evangelismo estructurado?
2. ¿Por qué el evangelismo de este tipo suele resultar complejo?
3. ¿Cuál es la diferencia entre invasiones y concentraciones evangelísticas?
4. Cite los elementos primordiales para estructurar una cruzada evangelística.
5. ¿Considera usted, que en los eventos de este tipo de evangelismo se debe recoger ofrendas? Justifique su respuesta.
6. ¿A que nos referimos cuando hablamos de evangelismo didáctico?
7. ¿Cuál de los tipos de evangelismo didáctico llama más su atención? Justifique su respuesta.

SECCIÓN 3

CAPÍTULO 8

FORMACIÓN DEL EVANGELISTA

"Nada es más desastroso que un ministro predicando un evangelio adulterado a un pueblo ciego, sordo y sin discernimiento".

— *Charles Spurgeon*

Las funciones evangelísticas en el seno de la Iglesia, requieren de un elevado nivel de capacitación y preparación. Para de este modo construir las bases requeridas y obtener un desenvolvimiento óptimo en las asignaciones que han sido conferidas por el Eterno, a través de los líderes congregacionales y ministeriales, bajo los que se tiene cobertura.

Por tanto, el afianzamiento del conocimiento y la formación académico, teológica y espiritual, son de los elementos más importantes para el desarrollo y crecimiento en las áreas operativas de la iglesia de nuestro señor Jesucristo.

En este sentido el avance progresivo en cada una de estas áreas nos ayudará a experimentar un desarrollo exponencial. Razones por las cuales seremos más efectivos en las labores que por medio del Padre Celestial nos han sido asignadas, ya sea en las congregaciones locales, en los movimientos, concilios u organizaciones interdenominacionales.

A continuación, describimos las áreas principales en las que los evangelistas y los que hacen obra de evangelismo deben estar capacitados:

✡ *Formación académica*

Esta es un área que tiene gran preponderancia en el desarrollo del que hace obra de evangelismo. Ya que por medio de ella puede con mayor facilidad conectar con sus receptores a la hora de transmitirles el mensaje de salvación.

Por esta razón la colocamos en primer lugar, no porque sea más importante que las demás. Pues si asumimos que tienes un alto nivel espiritual, pero no sabes transmitir el mensaje que recibes, tienes una gran limitante a la hora de operar en este ministerio.

El desarrollo de nuestras capacidades en el ámbito académico va a contribuir en gran medida al desempeño en este que hacer evangelístico, en las áreas y bajo el método que nos ha sido designado. De manera especial en lo alusivo a los grandes escenarios o el evangelismo para las masas.

Así mismo nos permitirá hacer uso de los medios de comunicación, los medios digitales y escritos de una manera más efectiva frente a nuestros receptores, sean estos oyentes, lectores o televidentes.

Distinguidos lectores, es muy importante que entendamos que el nivel de formación académico en la mayoría de las ocasiones se convertirá en un arma a favor, para acceder a personas que se encuentran en niveles selectos de la sociedad.

Por tal razón, en este libro instamos a que se pueda trabajar lo más duro posible, para alcanzar un buen nivel en esta área. Lo cual no siempre depende de los recursos económicos sino de la voluntad del ministro por crecer y dar lo mejor de sí, para la Iglesia de nuestro Mesías.

✡ *Formación Teológica*

La podemos definir como la base formativa de las sagradas escrituras, por medio de la cual de manera paulatina se puede alcanzar el desarrollo en los ámbitos que de manera directa o indirecta tienen que ver con la comprensión e interpretación del texto sagrado.

En este sentido el evangelismo como parte vital del cristianismo, por el hecho de contribuir atrayendo a las personas a las congregaciones. Debe forjarse sobre la base del conocimiento escritural, para de esta manera tener el enfoque apropiado a la hora de transmitir el mensaje de nuestro Redentor.

Una buena formación teológica nos conducirá por el camino de las buenas prácticas evangelísticas. Las cuales se manifiestan en primer lugar, en el respeto a los no creyentes de sus posturas y creencias aun cuando sepamos que están errados.

En segundo lugar, la exposición de un mensaje basado en las sagradas escrituras, nos lleva directamente a un mensaje fundamentado en Jesucristo y no en artilugios superfluos que en nada contribuyen a seducir a los que no han creído en el Mesías al camino de la vida eterna.

En tercer lugar, seremos capaces de proyectar y promover a los demás un mensaje fundamentado en el texto sagrado. Lo cual de manera directa implica que toda herida o controversia que pueda ser causada por medio del mismo, será sanada y dirimida por medio del mismo mensaje y del Espíritu Santo que opera en el mensajero.

En este sentido podemos decir que el conocimiento bíblico nos conducirá ciertamente a grandes desafíos, pero de igual manera nos permitirá llegar a los campos en los que los frutos ya están para ser cosechados por los segadores, como lo establece el evangelista.

> *"Alzad vuestros ojos y contemplad los campos, porque están blancos para la siega.*
> *Ya el que siega recibe salario y recoge fruto para vida eterna, para que el que siembra se alegre juntamente con el que siega."*
> *Juan 4:36b-37 BTX*

Lo que estamos diciendo es que una vez tengamos los conocimientos bíblicos apropiados y cimentados sobre una buena estructura, seremos capaces no solo de ser sembradores o evangelizadores, sino también segadores de los frutos abundantes que por el esfuerzo de muchos hay disponibles para el Reino de los Cielos.

El primer nivel de educación teológica lo conforman las llamadas escuelas bíblicas o escuelas de formación teológica de las congregaciones. En donde se ofrece el fundamento de las sagradas escrituras y se sientan las bases para el desarrollo ministerial futuro.

El segundo nivel de formación teológica corresponde a los institutos bíblicos, en los que a los alumnos se les inculcan los niveles de interpretación primarios de las escrituras y se les fundamenta en los aspectos bíblicos-teológicos para poder operar con mayor condición en la evangelización efectiva y de frutos abundantes.

El tercer nivel de formación teológica lo ocupan las licenciaturas. Nivel por medio del cual ya el evangelista se encuentra en la capacidad no solo de llevar un mensaje expositivo que impacte las masas en lo referente al fundamento bíblico. Sino que podrá defender sus posturas ante entes de la sociedad que no entienden o tienen diferencia con el mensaje del Reino de Cielos.

El cuarto nivel de formación teológica lo ocupan las maestrías y doctorados. Nivel en el que ya el evangelista no solo tiene la capacidad de exponer el mensaje de Jesucristo, sino que se puede convertirse en un formador de evangelistas, de misioneros, de pastores y demás ministros en las áreas evangelísticas u otras en las que se desenvuelva.

A resumidas cuentas, es importante que todo evangelista tenga en su haber recursos didácticos que le incentiven a la buena formación y por tanto a la edificación de quienes le escuchen. Por eso es importante tener a mano:

► Varias versiones de la biblia

► Varios diccionarios teológicos

► Una o varias concordancias bíblicas

► Libros de consulta teológica

► Libros de consulta académica

Es importante mencionar que los fundamentos teológicos son de gran ayuda en el desempeño ministerial. Pero los mismos no son para pretender ante los demás o para estar en diatribas y discusiones acaloradas sin sentido.

De igual manera el conocimiento tiene una cuota de responsabilidad, que consiste en dar a los demás de lo que se ha recibido. Así como ver las fallas en los demás y en vez de criticarles ayudarles a crecer, y de ser necesario acompañarlos en el camino.

Por tal razón es importante que entendamos que un buen nivel de formación teológica no nos hace mejores, ni superiores a los demás. Sino que por el contrario, nos convierte en ministros o servidores a favor del Reino con la capacidad de apoyar a otros.

✡ Formación Espiritual

Es la que contribuye a la definición del carácter de los hombres y mujeres que ejercen en algún are ministerial de la iglesia de nuestro Señor y salvador. Ya que esta es la que nos permite utilizar de manera apropiada los dones que el Espíritu Santo nos ha conferido, para la obra del ministerio.

En este sentido, un ejercicio atenuado y pobre de los dones que han de servir de base para la implementación de los distintos métodos evangelísticos, nos limitará de manera directa en nuestra curva de efectividad.

Lo cual hace que el propósito formulado por el Eterno Dios, en y por medio de nosotros como el cuerpo del Mesías, se vean saboteados por nosotros mismos. Al no procurar de manera insistente el adiestramiento en el uso de los recursos espirituales y que por ende actuan a nuestro favor.

Por tal razón cada individuo que milita en el área evangelística debe tener bastante claro que, si hay un área de la Iglesia que debe ser estudiada a profundidad y cimentada sobre bases espirituales fuertes, lo es llevar la palabra de vida a los perdidos.

Los objetivos de la Iglesia se centran en la efectividad de alcanzar a los no conversos. Por tanto, podrás improvisar en la forma, pero el fundamento del mensaje es el mismo, podrás rebuscar las palabras, pero deberás emplear el método determinado por Dios en el lugar y momento oportuno.

Todo lo anteriormente dicho lo podemos manejar perfectamente, teniendo una relación de intimidad con nuestro Elohim. Por ello estaremos viendo de manera específica algunos recursos que deben estar incluidos en la formación espiritual.

✡ La oración como ancla de la vida

Hablar de la oración es muy complejo por la dimensión que en si misma envuelve. Pero de igual forma es gratificante, pues es un instrumento de gran importancia para el crecimiento espiritual. Así como un arma a nuestro favor, capaz de derribar grandes fortalezas.

Por tanto, pudiéramos definir la oración, como uno de los principales medios que utilizamos para tener comunión con nuestro Padre Celestial. Llevando a él toda gratificación, así como las angustias, ansiedades, dolor, dudas y pesares.

Para que una vez en sus manos, puedan estas oraciones transformarse en un aliciente que reconforta nuestras vidas. No por el mero hecho de recibir una respuesta, sino por el hecho aparentemente simple, pero gratificante de haber tenido al Soberano y Supremo prestándonos atención.

En el libro de Colosenses podemos encontrar la siguiente perspectiva de la oración:

"Dedíquense a la oración con una mente alerta y un corazón agradecido."

Colosenses 4:2 NTV

Los ejemplos más preponderantes de oración lo vemos en las sagradas escrituras por medio de Yeshúa. Son muchos los eventos en los que vemos al Maestro recurrir a este recurso de gran valor para fortalecer su espíritu a través de la conexión con su Abba.

Tal es el caso de la escogencia de los apóstoles:

"Aconteció en aquellos días que Él salió al monte a orar, y pasó la noche en oración a Dios. Y cuando se hizo de día, llamó a sus discípulos y escogió a doce de ellos, a los cuales también llamó apóstoles."

Lucas 6:12-13

El Mesías nos muestra en este pasaje la oración como guía, para escoger a quienes serían sus apóstoles. Pasó la noche entera en oración porque consideraba que esta no era una tarea fácil, ya que ellos serían sus compañeros, amigos y hermanos en el ministerio que el Padre le había entregado.

Todo hombre y mujer que ejerce un ministerio dado por el Eterno debe llevar en oración toda decisión que tenga que tomar en el ámbito de este. Hacerlo así manera es una garantía de éxito en la obra evangelística y misionera.

✡ *El sometimiento como garantía de victoria*

Una de las claves para el éxito ministerial y en sentido general para todo creyente en Hashem, lo constituye el sometimiento a su divina y bendita voluntad. Lo cual nos hará emplear muchos de nuestros recursos como individuos, como hombres y mujeres espirituales, pero al final nos dará la dulce victoria.

De tal manera lo expresa el apóstol Jacobo:

"¡Someteos pues a Dios, y resistid al diablo y huirá de vosotros!"
Santiago 4:7 BTX

Que interesante resulta este pasaje que solo tiene unas pocas, pero poderosas palabras. Indicando que el sometimiento a Dios nos ayudará a ser resistentes, fuertes y maduros, como para soportar los estratégicos y constantes ataques de nuestro adversario.

Quien en definitiva al no poder derrotarnos tendrá que abandonar el campo de batalla con las manos vacías. Dejándonos con la dulce victoria, que, por el ejercicio de la obediencia y el sometimiento al Poderoso del universo, hemos sido capaces de recibir.

Vivir una vida bajo autoridad nos dará grandes triunfos en la ardua tarea de pregonar el evangelio de salvación y de vida eterna. Lo cual, conjugado con un alto nivel de conocimiento y espiritualidad en nuestras vidas, nos capacitará para:

"predicar buenas nuevas a los abatidos, vendar a los quebrantados de corazón, publicar libertad a los cautivos, y a los presos apertura de la cárcel."
Isaías 61:1 RV60.

✡ *Vestirse de las armaduras de Dios*

El área espiritual en todo ministerio eclesiástico tiende a ser bastante compleja, por el hecho de que nos estamos enfrentando constantemente a eventos y entidades espirituales, que trabajan en contra del Reino de los Cielos.

En este sentido, el ministerio evangelístico no es la excepción, y tal como nos indica el libro de *Efesios 6:10* debemos fortalecernos en el Señor y en el poder de su fuerza. Para que de ese modo podamos ir dando pasos firmes en la tarea que nos ha sido consignada por el Eterno.

Por tanto, debemos en primer lugar ser revestidos con las armaduras que Dios ha puesto a nuestro favor, para que una vez satanás quiera venir en nuestra contra, estemos cubiertos por todas partes y sus ataques nos hagan el menor daño posible.

> *"Revestirnos de toda la armadura de Dios, para que podáis estar firmes contra las asechanzas del diablo."*
>
> *Efesios 6:11 BTX*

En segundo lugar, debemos entender cuál es la naturaleza de la lucha que estamos librando. Solo así comprenderemos el nivel de preparación que se debe tener, para afrontar con avidez toda trama de maldad.

> *"Porque no tenemos lucha contra sangre y carne, sino contra los principados, contra las potestades, contra los gobernadores del mundo de las tinieblas, contra las huestes espirituales de maldad en las regiones celestes."*
>
> *Efesios 6:12 BTX*

En tercer lugar, debemos estar prestos para colocarnos, todas las armaduras que el Señor en su infinita gracia y misericordia ha puesto a nuestra disposición. No para pelear sino para resistir en los momentos adversos y una vez haya terminado todo, entonces estaremos listos ante cualquier otra eventualidad.

> *"Por tanto, tomad la armadura completa de Dios, para que podáis resistir en el día malo y, habiendo hecho todo, estar firmes."*
>
> *Efesios 6:13 BTX*

El ministerio evangelístico es uno de los que más batallas espirituales experimenta. Ya que su función es la de despojar a satanás de aquellos que hoy les son fieles, pero que en esencia el precio de su libertad ya ha sido pagado por medio del sacrificio de nuestro amado Mesías.

"Anulando el acta de los decretos que había contra nosotros, que nos era contraria, quitándola de en medio y clavándola en la cruz,
Y habiendo en ella desarmado completamente a los principados y a las potestades, los exhibió públicamente en el desfile triunfal."
Colosenses 2:14-15 BTX

En ese sentido seremos fuertemente perseguidos y debemos estar apercibidos en todo momento. Es importante que tengamos la certeza de que, en el Adón somos vencedores y por tanto tenemos que acuñar estas palabras:

"Porque las armas de nuestra milicia no son carnales, sino poderosas en Dios para destrucción de fortalezas; destruyendo razonamientos y toda altivez que se levanta contra el conocimiento de Dios..."
2 Corintios 10: 4-5a

✡ Formación Ministerial

Esta es la que se encarga de trazar las directrices que nos conducen por el camino correcto, en todos los aspectos de la militancia ministerial. Lo cual confiere un nivel de importancia cardinal, para ser entes capaces de cumplir con el llamado realizado por El Elyon.

A través de esta, recibimos las instrucciones para operar en las diversidades de circunstancias en las que nos encontraremos, una vez estemos ejerciendo el llamado. En ese sentido existirán pautas generales para las diversas áreas, pero de igual forma habrá pautas específicas que deben ser escudriñadas detenidamente.

REFLEXIONEMOS

> *Si queremos que se lleve un evangelio de alcance y para nada adulterado, debemos procurar que nuestros hombres y mujeres tengan la suficiente capacidad como para cargar sobre si, la encomienda que por nuestro Abba nos ha sido dada.*
>
> *Sin temor alguno, con determinación y con el ejercicio de los dones, talentos y virtudes que hemos recibido y desarrollado, para cumplir así con el propósito máximo de la Iglesia, ¡La salvación de las vidas que deambulan sin fe y sin esperanza!*

GUÍA DIDÁCTICA

1. ¿Cuáles son los elementos de mayor importancia para el desarrollo de las áreas operativas de la Iglesia de Jesucristo?
2. ¿Qué nos aporta la formación académica dentro del contexto evangelístico?
3. Establezca la diferencia entre la formación teológica y la formación espiritual.
4. ¿En qué consisten los niveles de formación teológica?
5. Liste los elementos que dentro de la formación espiritual debemos manejar.
6. ¿Qué nivel de importancia posee la formación ministerial para quien hace obra de evangelismo?

CAPÍTULO 9

LA ÉTICA DEL EVANGELISTA

"No somos responsables ante Dios por el alma que se salva, somos responsables del evangelio que predicamos y de la manera en que lo predicamos".

— *Charles Spurgeon*

La ética se relaciona con el estudio de la moral y de la acción humana. Este concepto proviene del término griego ethikos, que significa "carácter".

La ética en sentido general se define como el Conjunto de normas morales que rigen el carácter y por ende la conducta de la persona en cualquier ámbito de la vida. Una sentencia ética es una declaración moral capaz de elaborar afirmaciones, definiendo así lo que es bueno, malo, obligatorio y permitido, en lo referente a una acción o a la toma de decisiones.

De manera resumida estamos diciendo, que la ética se encarga de monitorear, dar seguimiento y regular el cumplimiento de las normas morales que han sido establecidas en un grupo social con anterioridad.

En el caso de los que creemos, servimos y profesamos a Jesús como nuestro Mesías no es la excepción, pues la Biblia es en sí misma un conjunto de leyes ético-morales dictadas por nuestro Dios y a las que estamos consagrados a dar fiel cumplimiento.

"Pues, cuando les llevamos la Buena Noticia, no fue sólo con palabras sino también con poder, porque el Espíritu Santo les dio plena certeza de que lo que decíamos era verdad. Y ya saben de nuestra preocupación por ustedes por la forma en que nos comportamos entre ustedes."

1 Tesalonicenses 1:5 NTV

La manera en la que nos comportamos dice mucho de quienes somos y a quien representamos. No solo es que las manifestaciones de los dones del Espíritu se hagan evidentes, si no que nuestro comportamiento y palabras reposen bajo la cobija de las leyes y preceptos plasmados en las sagradas escrituras.

✡ *El decálogo de Éxodo 20*

En este capítulo del segundo libro del canon judío, nos encontramos con las ordenanzas dadas por el Padre Celestial al pueblo escogido. Los primeros cuatro mandamientos hablan del compromiso que tenemos hacia nuestro Dios, los seis mandamientos restantes hablan de nuestros deberes hacia los demás.

Es decir, que las leyes morales que han sido colocadas en este capítulo del libro de Éxodo son de manera resumida las normas de vida de los hombres y mujeres que viven bajo la cobija de las sagradas escrituras.

En tal sentido todo el que hace obra de evangelismo debe tener su vida regida por estos principios ya establecidos. Para que su transitar en este plano del universo, sea éticamente aceptable y por tanto se pueda llevar el mensaje de salvación a través de la aplicación de estas leyes espirituales y morales por demás.

No cumplir con estos principios sería negar lo que hablemos a los demás, y eso sería una rotunda contradicción al cumplimiento ministerial que estemos llevando a cabo. Por lo tanto, es muy importante recordar que nuestro mayor aliado en la transmisión y propagación del mensaje salvífico es nuestro testimonio de vida.

✡ ¿Cómo debemos hablar a los evangelizados?

El uso apropiado del lenguaje tiene una gran importancia a la hora de evangelizar, ya sea de manera directa o por medio de un mensaje de tipo expositivo y multitudinario, por la cual, se debe tener cuidado de las palabras que se emplean y la forma en que las mismas son utilizadas.

Teniendo presente que, aunque el mensaje debe ser en un lenguaje entendible, en ninguna circunstancia debemos rayar en lo vulgar o despectivo.

"Hay hombres cuyas palabras son como golpes de espada; Mas la lengua de los sabios es medicina."

Proverbios 12:18 RV60

Por tal razón, la manera correcta de hablarles a quienes evangelizamos es con ese amor que el Padre como fruto del Espíritu, nos ha ayudado a cultivar en nuestras vidas. Para que los perdidos sean ganados para el Señor, por la compasión y la misericordia que mostramos hacia ellos.

✡ Templo del Dios Vivo

Comprender que nuestro cuerpo representa al más grande del universo, es un alto privilegio, pero a la vez es un compromiso inmenso. Pues en todo lo que hacemos debemos representarle y por ende cuidar la morada de Él en nosotros, nuestro cuerpo.

"¿No se dan cuenta de que todos ustedes juntos son el templo de Dios y que el Espíritu de Dios vive en ustedes?"

1 Corintios 3:16 BTX

Es importante que cuidemos el cuerpo que el padre nos ha dado, de todo tipo de corrupción o contaminación. Pues nadie que trabaja en los negocios del Eterno, tendrá permanencia exponiendo su cuerpo al pecado.

"Ni tampoco presentéis vuestros miembros como instrumentos de iniquidad para el pecado, sino presentaos vosotros mismos a Dios como viviendo fuera de los muertos, y vuestros miembros a Dios como instrumentos de justicia."

Romanos 6:13 BTX

✡ Hacer todo con decencia

El comportamiento de un ser humano habla mucho de la formación que este, a lo largo de los años ha ido asimilando y poniendo en práctica. De igual forma refleja en gran medida el entendimiento escritural que el hermano o hermana en Jesús ha alcanzado.

Ya que no solo se trata de decir yo soy, si no de hacer las cosas que decimos, en la mejor manera posible. Conduciéndonos con cordura, pudor y decencia, empeñándonos en llevar sobre nuestros hombros los más altos estándares de comportamiento, que son demandados de un servidor de Dios.

"Pero hágase todo decentemente y con orden."

1 Corintios 14:40 BTX

Es importante que, como ministros del Eterno, procuremos evitar caer en malas prácticas, o en conductas que hablen mal de nuestro accionar ante los demás. Por ello la manera de conducirnos en todo momento de nuestras vidas debe ser la de un digno representante de la Embajada Celestial.

Por lo tanto, debemos tomar en cuenta los siguientes elementos:

▶ Las palabras que se expresan y cómo se expresan

▶ Manejo del tiempo de evangelización o predicación

▶ Cuidado en la Ministración a personas del sexo opuesto

▶ Colocarse en donde lo indica el protocolo del anfitrión

▶ No tomarse atribuciones que no le corresponda

✡ El espíritu del profeta se sujeta al profeta

En el campo de la ética cristiana, tenemos que ver con claridad que cada evento tiene un cronograma para su desarrollo, y que ninguna de las partes debe salirse del mismo a menos que, situaciones externas y no controladas por nosotros llegasen a ocurrir.

Por ende, todo evangelista y persona que trabaja en estas áreas ministeriales debe tener dominio propio en su manejo, desde el punto de vista de la disertación del mensaje de nuestro Adonai. Eso no significa que el mensaje quedará a medias, sino más bien que se debe ser prudente en la gestión del tiempo y de las acciones que realizamos en determinado evento.

"Y los espíritus de los profetas están sujetos a los profetas, porque Dios no es de desorden, sino de paz, como en todas las iglesias de los santos."

1 Corintios 14:32-33 BTX

Ser impulsivo y sin control en estos oficios, no es másmas que una muestra de inmadurez. Lo cual no necesariamente implica que está del todo mal, sino que es una fase del génesis ministerial y por ello debe ser superada y no llevada más allá de dicha etapa. Porque ya no se vería como un mero error, si no como una imprudencia.

Alguien una vez dijo que "existe una línea muy delgada entre la unción y la emoción". Por tal motivo debemos cuidarnos y cuidar a nuestros compañeros, evitando cruzar de la línea de la unción y la operación de los dones del Espíritu, a la línea de la manifestación y exposición de las emociones. La cual en gran medida termina confundiendo y distorsionando el mensaje de la cruz.

✡ *Examinarlo todo*

El ministro del Dios Sempiterno es un individuo con capacidades especiales, para lidiar con situaciones y circunstancias especiales. En este aspecto, es alguien que debe ser capaz de tener un sentido de análisis mucho más elevado que cualquier otra persona.

No solo de lo que está vinculado al plano espiritual, sino también a lo relacionado al plano terrenal. Como resultado de una vida de preparación en el Señor, a través de enseñanzas y travesías diversas, que le facultan para discernir el ambiente en el que se mueve e identificar a los actores con los que interactúa.

Bajo estos postulados, en ninguna circunstancia se debe actuar a la ligera, sino en base a normas y principios espirituales, morales y éticos, que nos conduzcan a ser altamente efectivos a la hora de accionar en una u otra dirección.

*"Sino examinadlo todo; retened lo bueno. Absteneos de toda
especie de mal."*

1 Tesalonicense 5:21-22

Entendiendo el contexto de este apartado de las sagradas escrituras, debemos valorar los dones, las manifestaciones y revelaciones, pero tenemos que verificar que lo que vemos o sentimos, viene de la fuente correcta, para no cometer yerro en nuestro accionar.

Por demás, es nuestra obligación no solo analizar, cuestionar, validar y verificar, sino también abstenernos de caer en todo aquello que no va conforme a lo que el Eterno ha dictado. Pues somos un blanco codiciable para las fuerzas del mal, ya que nuestra encomienda es liberar las almas de las prisiones en que esas fuerzas las tienen prisioneras.

Por lo tanto, somos sus más detestables enemigos y ellas no se quedarán pasivas, cuando les estamos ganando terreno en la batalla por la preponderancia espiritual en la que nos encontramos enfrascados.

*"Y el mismo Dios de paz os santifique completamente, y todo
vuestro ser: espíritu, alma y cuerpo, sea guardado irreprensible
en la venida de Jesús el Mesías, nuestro Señor."*

1 Tesalonicense 5:23 BTX

Nuestro testimonio debe ser nuestra carta de presentación, en este mundo convulso y en el que aun en el campo ministerial debemos cuidarnos, para no ser contaminados con lo que no proviene del Padre de Luz. Pues al final la recompensa del que nos llamó se hará manifiesta en nuestras vidas.

✡ *Administradores de los recursos del Reino*

A lo largo de mi vida ministerial, he visto como la inmensa mayoría de los involucrados en ministerios e instituciones de corte evangelísticos, tienen un mal manejo de los recursos recibidos. Ya sea a través de donativos directos, fundaciones o iglesias, así como ofrendas o dádivas a ministros.

Los tiempos de las grandes cruzadas evangelística lloran por su ausencia y no es porque la sociedad avanzó o simplemente porque eran eventos muy costosos, sino porque la mayoría de los ministerios u organizaciones que tenían acceso a esos recursos no lo manejaron con la debida prudencia.

> *"Ningún criado puede servir a dos señores, porque aborrecerá al uno y amará al otro, o será leal al uno y menospreciará al otro. No podéis servir a Dios y a Mamón."*
>
> *Lucas 16:13 BTX*

El manejo del dinero será siempre algo de lo que tenemos que cuidarnos, pues el dios de las riquezas querrá posicionarse en un lugar de privilegio de nuestros corazones, para someternos a su merced. Sin embargo, en ningún momento o circunstancia de nuestra vida debemos caer en ese error.

Los recursos del Reino son solo un instrumento que debe ser usado para el crecimiento y alcance de este. No para manejarlo de manera arbitraria y para el beneplácito nuestro o de alguien en particular, pues solo somos administradores de los recursos que recibimos y nunca debemos pensar que nos pertenecen.

Esto no significa, que nuestro Adón nos dejará sin provisión; ¡claro que no! Por el contrario, Él siempre se ocupará de nuestras necesidades, aun de las más minúsculas. Su intención siempre será bendecirnos, pero demandará de nosotros fidelidad en el manejo de sus finanzas.

REFLEXIONEMOS

Las normas de conducta y comportamiento tienen una importancia capital, para regir el accionar de los individuos ante los diversos grupos sociales con los que interactúan y en los eventos a los que tengan que asistir.

En este sentido, existen normas y preceptos bien definidos en las sagradas escrituras, para que los y las ministros de evangelismo se conduzcan de la manera apropiada; en lo referente a la proclamación del evangelio, por medio de las palabras, el comportamiento en los diversos eventos. Así como la administración de los recursos tanto espirituales como materiales, asignados para la puesta en ejecución, crecimiento del llamado y propósito que sobre sus hombros reposan.

GUÍA DIDÁCTICA

1. ¿Cuál es la función de la ética?
2. ¿Según el término ethikos, cual es la parte de la persona que regula la ética?
3. ¿En qué consiste el interés del Apóstol Pablo al resaltar el buen comportamiento en 1Tesalonicenses 1:5?
4. ¿Cuál es la aseveración más importante que se puede hacer del decálogo?
5. ¿Qué significado tiene el cuidado de nuestro cuerpo?
6. ¿En qué dirección iría su análisis respecto del versículo "Y los espíritus de los profetas están sujetos a los profetas"?
7. ¿Cuáles son los beneficios de tener un alto nivel de análisis y discernimiento al transitar por el ministerio evangelístico?
8. ¿Qué representan los recursos del Reino de los Cielos?

SECCIÓN 4

CAPÍTULO 10

EL PECADO: CAUSA Y CONSECUENCIAS

"Me irrito cuando oigo a algunos predicadores decir: "ven a Jesús y todos sus problemas terminarán". Eso es simplemente una mentira"

— R.C. Sproul

El pecado se define como la separación entre el ser humano y la Divinidad. Debido a la transgresión del hombre de los mandamientos u ordenanzas que el Eterno había dictado.

En este sentido, la ruptura se da a partir de la decisión voluntaria del hombre, de hacer algo diferente a lo que de él se esperaba. Dando lugar a que satanás y las tinieblas reinen en el ser espiritual que habitaba en un cuerpo y que había sido creado para adorar y rendirse ante Elohim.

"Entonces fueron abiertos los ojos de ambos, y conocieron que estaban desnudos; entonces cosieron hojas de higuera, y se hicieron delantales.

Y oyeron la voz de Jehová Dios que se paseaba en el huerto, al aire del día; y el hombre y su mujer se escondieron de la presencia de Jehová Dios entre los árboles del huerto."

Génesis 3:7-8 RV60

El pecado conforme lo describen los versículos anteriores, crea un temor latente en el ser humano, al punto de que quienes tenían una interacción directa con el Eterno, ahora se atemorizan porque Él está pasando en derredor de ellos.

Propiamente, esto da a entender que los primeros seres creados conforme lo describe el libro de Génesis, no solo transgredieron los preceptos de Dios, sino que trataron de ocultar su falta delante de su presencia, a sabiendas de que es capaz de verlo todo.

A través de esto, entendemos que el pecado al entrar en el hombre intenta por todos los medios posibles engañar o simular ante los demás sin excepción alguna. Muy a pesar de que en ocasiones en quien se alberga el pecado reconoce su caída y condición pecaminosa.

Existen tres tipos o categorización de pecados, estos son:

Pecado heredado

Es el resultado del paso del pecado desde Adán a todas las generaciones después de él. Conforme dice *Romanos 5:12* "el pecado entró en el mundo por medio de un hombre, y por medio del pecado la muerte, así también la muerte pasó a todos los hombres..."

Pecado imputado

El concepto de pecado imputado es aquel que puede ser usado *"tanto en asuntos financieros como legales, la palabra griega traducida como "imputación", significa "tomar algo que pertenece a alguien y acreditarlo a la cuenta de otro".*

Antes que fuera dada la Ley de Moisés, el pecado no era imputado al hombre, sin embargo, los hombres seguían siendo pecadores por causa del pecado heredado". (Gotquestion.org, *2021*)

Pecado personal

Es el pecado que de manera recurrente el ser humano practica. Como consecuencia de la naturaleza caída que tiene morada en el individuo tras haberlo heredado de Adán y Eva.

Es a resumidas cuentas, el tipo de pecado, en el que la responsabilidad recae sobre la persona, y aunque conocemos su origen, toma fuerza por medio de la práctica diaria que este ser humano en su accionar ejecuta, trayendo condena y destrucción para su propia vida.

✡ *El pecado trae muerte*

El Eterno había dotado de grandes privilegios al ser que había creado, rodeándole de bendiciones exuberantes, para que las disfrutara en total plenitud. Sin embargo, le dió una sola advertencia dentro de todas las libertades que en su soberanía les había conferido.

> *"Y mandó Jehová Dios al hombre, diciendo: De todo árbol del huerto podrás comer;*
> *Más del árbol de la ciencia del bien y del mal no comerás;*
> *porque el día que de él comieres, ciertamente morirás."*
>
> *Génesis 2:17 BTX*

Esta prohibición, pretendía que el hombre mantuviese su nivel de inocencia y que siguiera siendo un ente sabio e inteligente, teniendo una relación de completa cercanía con la Altísimo. La cual mantenía alimentando su ser espiritual día tras día, de manera que el hombre que el Eterno había colocado en el paraíso situado en Edén, se perfeccionaba de vez en vez.

A pesar de, no fue capaz de respetar y cumplir con el dictamen de Elohim, respecto de no comer del árbol del conocimiento del bien y del mal. Si no que como indican las escrituras fueron conquistados por la astucia de la serpiente, quien les dijo:

> *"Ciertamente no moriréis, sino que sabe 'Elohim que el día que comáis de él, se os abrirán los ojos y seréis semejantes a 'Elohim, conocedores del bien y del mal."*
>
> *Génesis 3:4b-5 BTX*

El pasaje nos indica la manera en la que se consumarían los hechos. Desde el punto de vista del conocimiento que el ser humano recibiría conforme a las palabras dadas por el maligno. Esto lo podemos ver amplificado por medio del siguiente pasaje.

> *"Así, vió la mujer que el árbol era bueno para comer, y que era agradable a los ojos, y que era el árbol deseado para alcanzar conocimiento. Y tomó de su fruto y comió, y dio también a su marido, que estaba con ella, y él comió."*
>
> *Génesis 3:6 BTX*

Este evento trajo como consecuencia, una violación a los dictámenes del Eterno, por parte de estos seres creados en santidad y cuasi perfección. Digo cuasi perfección, porque el ser humano en su forma de exclusividad en el universo era el único capaz de aprender cosas nuevas y de decidir qué hacer y qué no hacer, porque en el existía la voluntad para tomar sus propias decisiones.

En este sentido el temor se apoderó de el una vez que creyó a satanás quien les hablaba a través de la serpiente, y por esta razón se abrieron sus ojos hacia el mal. Lo cual no es más que la abertura a una dimensión en la que ellos no se encontraban, situada a su vez muy por debajo del nivel de gloria y espiritualidad que exhibían.

Ahora el hombre que hablaba con Elohim, se esconde de su presencia para no ser visto por Él, como nos lo dice *Génesis 3:8*. Tanto esto, como el hecho de darse cuenta de que están desnudos son dos señales inequívocas de una ruptura drástica entre el ser creado a imagen y semejanza y la Divinidad como ente creador y de gobierno.

✡ *El pecado se transmite de generación en generación*

La caída en Edén por parte de Adán Y Eva, no solo los afectó a ellos. Sino que abarcó a toda la raza humana después de ellos; ya que la idea del Eterno era que existiera una raza cuyos deseos y voluntades sean llevados a Él, en señal de completa sumisión y adoración.

En cambio, quebrantaron ese principio básico y por ello la enfermedad del pecado se propagó a todos los hombres.

> *"Por tanto, como el pecado entró en el mundo por medio de un hombre, y por medio del pecado la muerte, así también la muerte pasó a todos los hombres, por cuanto todos pecaron."*
>
> *Romanos 5:12 BTX*

Es una muy triste realidad, la que, a partir del momento de la caída provoca que toda la raza humana se haga copartícipe de las funestas consecuencias acaecidas como resultado de la desobediencia de los hombres al arquitecto y gestor del universo.

✡ *Bajo la ley del pecado*

El evento de la caída del hombre, relatado en Génesis 3 no debe ser interpretado con ligereza. Ya que lo acontecido allí, no solo tiene que ver con el hecho, de que el ser humano cae del nivel en el que ostentaba una amalgama de privilegios.

Sino que también, este ser lleno de luz, autoridad, poder y gloria, ahora se convierte en un ser esclavo de sus malas acciones, y que en vez de ser el gobernador exclusivo de la dimensión física en la que lo colocaron, tiene debilidades muy marcadas que lo limitan en el aspecto de ejercer dominio sobre lo creado.

Viniendo a ser un ente que queda expuesto a su suerte, y a lo que los dictámenes de la dimensión en la que fue colocado determinen sobre él. En tal sentido, el pecado al entrar en el hombre toma posesión de su vida material, y de su voluntad (capacidad única entre los seres creados) quedando doblegado a los deseos carnales y a las influencias ambientales que surten efecto sobre el individuo en su diario vivir.

Por ello el apóstol Pablo expresa:

> *"Porque sabemos que la ley es espiritual, pero yo, habiendo sido vendido a la esclavitud del pecado, soy carnal.*
> *Porque lo que hago no lo comprendo, pues no hago lo que quiero, sino lo que aborrezco, eso hago."*
>
> *Romanos 7:14-15 BTX*

Todo esto es un indicativo de las implicaciones y consecuencias heredadas por los linajes de la tierra, y que no son más que una manifestación de la desobediencia en Edén.

El pecado es definido en el versículo 14 como un tipo de esclavitud. La cual tiene su génesis en los deseos carnales y pecaminosos del individuo, sustentado esto con la debilidad y exposición, que fruto de la desobediencia entró en la raza humana hace ya bastante tiempo. Extendiéndose como un cáncer de marca mayor por todo el globo terráqueo, logrando sepultar generaciones cuasi completas, por medio de esta funesta raíz de maldad, que fue sembrada en Adán y Eva por el serpiente, con quien interactuaron y a quien le creyeron sus mentiras en el huerto donde habían sido colocados.

✡ El Yetzer Hará y Yetzer Tov

Existe una lucha interna y por demás constante en el interior de cada individuo, entre lo que llamamos el instinto hacia el bien, que corresponde al hombre espiritual y el instinto o inclinación hacia el mal que pertenece a la naturaleza caída.

En el judaísmo esta inclinación hacia el mal es El yetzer hara (hebreo: עֵרָה רֵצִי, para el definido "la inclinación al mal"), o yetzer ra (hebreo: עַר רֵצִי, para el indefinido "una inclinación al mal").

Respecto a la inclinación al mal, podemos encontrar sustento bíblico en las páginas del antiguo testamento.

> *"El SEÑOR vio la magnitud de la maldad humana en la tierra y que todo lo que la gente pensaba o imaginaba era siempre y totalmente malo. Entonces el SEÑOR lamentó haber creado al ser humano y haberlo puesto sobre la tierra. Se le partió el corazón."*
>
> *Génesis 6:5-6 NTV*

El pecado que había entrado en el hombre a partir del capítulo 3 de Génesis, está surtiendo efectos destructores en el capítulo 6 del mencionado libro. En este punto Elohim puede palpar el gran nivel de maldad que se desata sobre todas las etnias y que ahora su naturaleza pecaminosa, los incita a hacer lo malo.

Por ello el verso 6 nos dice que lamentó haber creado al hombre y que se sintió tan herido que su corazón se partió. Podemos notar como el escritor bíblico exagera la realidad y de manera metafórica le coloca al Eterno un corazón, para explicar en un lenguaje entendible el dolor o más bien el pesar que tenía, por la manera en que su amada creación se había desviado del propósito.

Tenemos a bien citar otro pasaje importante de la Torá tocante a este tema. El cual, muy a pesar de que habla de la inclinación al mal; expone una marcada esperanza que golpea frontalmente a la naturaleza caída, al dejar un rayo de luz en medio de la nebulosa que gobierna a los seres humanos.

> *"Al SEÑOR le agradó el aroma del sacrificio y se dijo a sí mismo: «Nunca más volveré a maldecir la tierra por causa de los seres humanos, aun cuando todo lo que ellos piensen o imaginen se incline al mal desde su niñez. Nunca más volveré a destruir a todos los seres vivos."*
>
> *Génesis 8:21 NTV*

Lo que podemos observar en la segunda parte de este texto es que el ser humano como lo indica la tradición judía tiene inclinación hacia el mal desde que nace. Por esta razón el yetzer hará no es una fuerza demoníaca que gobierna al ser humano, sino más bien el mal uso de aquellas cosas que el cuerpo físico necesita para sobrevivir.

En este sentido y para ser más explícito, el deseo de comida o alimentación se convierte en glotonería por el yetzer hará. La necesidad de dinero en hurto, la necesidad de reproducción en abuso sexual, y así sucesivamente.

El apóstol pablo nos arroja luz en cuanto a este tema también y lo empresa así:

> *"Porque según el hombre interior, me deleito en la ley de Dios, Pero veo otra ley en mis miembros, que combate contra la ley de mi mente, y me encadena a la ley del pecado que está en mis miembros.*
> *¡Miserable de mí! ¿Quién me libertará de este cuerpo de muerte?"*
>
> *Romanos 7:22-24 BTX*

El apóstol introduce un elemento importante y es el Yetzer Tov o inclinación al bien. Ya que el deleite en la ley de Dios como lo dice la primera parte de la cita se traduce como ese deseo que el ser humano tiene incrustado en sus genes para hacer lo bueno.

Esto nos provee un punto de apoyo que, aunque no es determinante del todo, si es bastante influyente en lo que el individuo decida hacer a lo largo de sus días. En tal sentido la tradición judía expresa que un Yetzer Tov (inclinación hacia el bien) no se adquiere sino a partir de los 12 años para las niñas y 13 años para los niños.

Por ello debemos entender que el ser humano nace con la inclinación hacia el bien y la inclinación hacia lo malo. Esto en realidad no es malo ni anormal tampoco, sino que va a depender de la manera en la que el individuo actúe conforme a esta realidad.

Las inclinaciones del hombre son, por tanto, equilibradas entre el bien (Yetzer HaTov) y el mal (Yetzer Hará), y no se ve obligado a ninguno de ellos. a elegir a ambos lados a sabiendas y voluntariamente..." (Luzzatto, 1730).

Nuestra esperanza firme es que esta inclinación al mal dejará de existir en nosotros, una vez se haga manifiesto el retorno inminente de nuestro Adón. En el que seremos transformados en cuerpo y alma, para tener una experiencia de vida renovada, en la que el mal como lo conocemos no volverá a gobernar las vidas de los salvados por medio del Mesías.

Quien establecerá un Reino inconmovible, a través del cual será erradicado el pecado por mil años y posteriormente por toda la eternidad.

Es importante que conozcamos cómo opera el pecado en la vida del hombre, para de esta manera transmitir, como pregoneros del evangelio del Reino de los Cielos estas promesas de vida, a los que por alguna razón no han entrado en el plan salvífico del Elohim de las naciones.

REFLEXIONEMOS

Entender las razones por las que y a través de las cuales el pecado entra en la vida de los vivientes es de vital importancia para todo el que profesa a Jesús como su salvador, y mucho más para quienes de una manera u otra tienen la responsabilidad de predicar y llevar este evangelio a los perdidos.

Tener el expertise de explicar con claridad a los receptores, las consecuencias funestas del pecado en la vida de los hombres y mujeres, sin caer en acusación o condenación de estos, es todo un desafío y hay que tener el amor del padre y el conocimiento oportuno para dar fiel cumplimiento a nuestra misión.

GUÍA DIDÁCTICA

1. *¿De qué manera se produce la separación del hombre respecto del Creador?*
2. *¿Cuál era la razón del Eterno al prohibir el árbol de la ciencia del bien y del mal a los seres humanos que había creado?*
3. *¿Por qué motivo la caída de Adán y Eva afectaron a toda la raza humana?*
4. *De manera puntual ¿Cuáles son las consecuencias que por el pecado experimenta la humanidad?*
5. *¿Cuáles son las implicaciones principales del Yetzer Hará?*
6. *¿Como se define el Yetzer Tov en base a Romanos 7:22...?*

CAPÍTULO 11

GRACIA INESCRUTABLE

"La gracia de Dios es tan poderosa que tiene la capacidad de superar nuestra resistencia natural a ella".

— *R. C. Sproul*

La gracia es el regalo otorgado por El Elyon a toda la raza humana. Sin que esta haya hecho algo, o tenga méritos para ganarse siquiera su atención, en todo lo que en aspectos generales o particulares pudiese decirse.

"Siendo justificados por su gracia, sin merecimiento alguno, mediante la redención que tienen en Jesús el Mesías; a quien Dios ha propuesto públicamente como sacrificio expiatorio por su sangre a través de la fe, como evidencia de su justicia, a causa de haber pasado por alto, Dios en su paciencia, los pecados pasados."
Romanos 3:24-25 BTX

✡ *Manifestación de la gracia*

La gracia como su nombre bien lo indica, es un regalo que el Eterno nos otorga, no por méritos propios, sino porque su misericordia como parte vital de la esencia que le caracteriza se ha hecho manifiesta a nuestras vidas.

Por tanto, no es lo que nosotros hayamos hecho, es lo que él decidió hacer por nosotros, muy al margen de nuestras faltas, errores, pecados y transgresiones.

> *"Quien nos salvó y nos llamó con llamamiento santo, no conforme a nuestras obras, sino según su propósito y la gracia que nos fue dada en Jesús el Mesías antes de los tiempos eternos."*
>
> *2 Timoteo 1:9 BTX*

Si fuésemos a preguntarnos cómo, cuándo y dónde se manifiesta la gracia. Estaríamos compelidos a responder, por medio de Jesús el Mesías, en todo momento y circunstancias de nuestras vidas y en todo lugar del planeta, en el que ser humano alguno pudiere habitar.

Que importante es para la humanidad, el hecho de que el verbo que habita desde la eternidad y hasta la eternidad, se haya hecho carne y cohabitó entre los hombres. Para de esta manera darnos acceso a la gracia, que se hace evidente a través del sacrificio realizado en la cruz del calvario, para perdón de nuestros pecados y entrada a la vida eterna.

Como si esto fuera poco, aguardamos durante nuestra estadía en la tierra, el momento preciso en el que nuestro Adón regrese a buscarnos, para presentarnos al Padre Celestial como fruto del plan de redención que por medio de su gracia se hizo palpable a todos los hombres. Sin importar su condición o posición social, sus raíces culturales o étnicas, su morfología o manera de pensar.

> *"Por medio de quien también hemos obtenido derecho de entrada a esta gracia en la cual estamos firmes, y nos gloriamos en la esperanza de la gloria de Dios."*
>
> *Romanos 5:2 BTX*

✡ *Exuberante gracia*

El radio de acción de la gracia es tan abarcador que supera todo tipo de transgresión en la que el hombre haya incurrido, para acercarlo al Eterno, por medio del don que le fue entregado a la humanidad a través del Unigénito del Padre.

> *"Pero el don no es como la transgresión. Porque si por la transgresión de uno murieron los muchos mucho más abundó la gracia de Dios para los muchos y el don por la gracia de un hombre: Jesús el Mesías."*
>
> *Romanos 5:15 BTX*

El sacrificio que el Elohim en su soberanía planificó y que posteriormente se hizo evidente, a través de la muerte del Cordero expiatorio en la cruz del calvario. Sirvió para traer redención y restauración a todas las etnias de la tierra, así como para anular esa barrera espiritual que separaba a la criatura de su creador, tocante al ofrecimiento expiatorio por los pecados cometidos día tras día y año tras año.

Por ello, como bien indica Juan El Bautista en el libro de *Juan 1:29* "*Él es el cordero de Dios que quita el pecado del mundo*".

Su legado para los habitantes de este hermoso planeta es un sacrificio único, capaz de limpiar el más minúsculo vestigio de iniquidad en la vida de los hombres y mujeres.

Dándonos entrada al lugar santísimo; ya que por su sacrificio fue roto el velo (*Mateo 27:51*) que nos hacía inaccesibles al espacio físico, en que se oficiaba anualmente el acto expiatorio por todas las naciones y en donde la presencia del Hashem descendía en una nube sobre el propiciatorio, conforme lo dice *Levítico 16:2*.

Por otra parte, debemos comprender que el tiempo de gracia en el que vivimos es una consecución del tiempo de la ley, bajo el que caminó el pueblo de Dios y la humanidad en sentido general. Porque la Ley en sí misma no es para nada mala, sino que vino para impedir que el hombre se condujera anárquicamente en su accionar cotidiano.

> *"Es cierto, la gente ya pecaba aun antes de que se entregara la ley. Pero no se le tomaba en cuenta como pecado, porque todavía no existía ninguna ley para violar."*
>
> *Romanos 5:13 NTV*

En tal sentido, la Ley le permite al Juez emitir juicio sobre los pecadores una vez se tienen las pruebas del agravio cometido. De igual forma, se recompensa a los practicantes de la Justicia, por actuar apegados a los preceptos ya establecidos. Esta es la manera en la que el Eterno colocó una guía que permitía por diversos medios, medir o pesar en balanza el accionar de los seres humanos de la época a la que nos referimos.

"Así, la ley entró para que el pecado abundara, pero donde el pecado abundó, sobreabundó la gracia;
Para que, así como reinó el pecado para muerte, así también la gracia reine por la justicia para vida eterna, mediante Jesús el Mesías, Señor nuestro."

Romanos 5:20-21 BTX

Que maravilloso papel jugó la Ley, para que los pecados que no eran visibles se hagan visibles, y que se pueda establecer juicio, como consecuencia de las acciones pecaminosas de los individuos.

Sin embargo, una vez que se ve el pecado del hombre, nos encontramos con el problema que existe tanto pecado en el mismo, y no solo esto, sino que existe de manera natural y hereditaria una inclinación al mal que conduce a la persona a pecar, en muchas ocasiones de manera indeseable.

Es por ello, que esta abundancia de pecado que se manifiesta por medio de la Ley que el Eterno le da al pueblo de Israel en el Sinaí. Se convierte en la excusa perfecta para que la Gracia se encarne en la persona de su hijo y aunque en el mundo de entonces y en el presente abundó el pecado, pero la gracia lo supera con creces.

No significando esto, que el ser humano evadirá las consecuencias por sus malos actos. Sino que una vez los cometa, aun estando en la cárcel o lugar destinado para cumplir su condena, tiene la oportunidad de arrepentirse y de recibir ese perdón redentor, manifestado por nuestro Adón en la cruz del Gólgota.

El mejor ejemplo de ello se hace evidente, cuando cuelgan al junto del Mesías a dos malhechores y uno de ellos se arrepiente y clama por la gracia, reconociendo de antemano que está recibiendo la paga por sus pecados, pero entendiendo también que el poder del Mesías es más que suficiente para salvarlo.

"Porque nosotros, en verdad, justamente padecemos, porque recibimos cosas dignas de las que hicimos, pero Éste, nada malo hizo. Y decía: ¡Oh, Jesús, acuérdate de mí cuando vayas a tu reino! Le dijo: De cierto te digo, hoy estarás conmigo en el paraíso."

Lucas 23:41-43 BTX

✡ *La justificación como fruto de la gracia*

La idea del Eterno respecto de la Gracia consiste en un plan minuciosamente orquestado, cuya principal razón de ser es: permitirle a la raza humana tener un medio a través del cual pueda establecer una relación de intimidad con su Abba, al más alto nivel.

Puesto que, hubo un retroceso del hombre al sufrir el revés más grande de su existencia, ¡la caída! En consecuencia, Adán y Eva seden terreno y le dan acceso a esta dimensión del universo a los entes de las tinieblas gobernados por satanás.

En tal sentido, todo individuo tendente o inclinado a realizar lo malo debe tener una justificación delante del Señor que le permita establecer un vínculo con Él. La manera de hacerlo es por medio de la fe que estos puedan tener en el restablecimiento de dicha relación, reconociendo y aceptando el sacrificio de nuestro amado Mesías.

"Por tanto, habiendo sido declarados justos por la fe, tenemos paz ante Dios mediante nuestro Señor Jesucristo.
Por medio de quien también hemos obtenido derecho de entrada a esta gracia en la cual estamos firmes, y nos gloriamos en la esperanza de la gloria de Dios."

Romanos 5:1-2 BTX

Es interesante entender como lo dice el versículo *1 de Romanos 5*, que la justicia que surge como resultado de la fe depositada en Yeshúa trae paz a nuestras vidas. Lo cual es de manera directa un símbolo del alcance que posee la gracia para con la vida de un ser humano.

De igual forma, debemos comprender con la mayor claridad que la gracia no solo se hace evidente en los acontecimientos neotestamentarios.

Sino que en el antiguo testamento la gracia también se encontraba manifiesta. Y una de las manifestaciones de esta, que aun transcienden a la ley tiene su epicentro en Canaán a través del patriarca Abraham.

> *"Y en tu simiente serán benditas todas las naciones de la tierra, por cuanto has obedecido a mí voz."*
>
> *Génesis 22:18 BTX*

La obediencia de Abraham le ha traído paz a toda la humanidad por medio del Mesías. Esto no significa paz en el término llano como lo conocemos, más bien es una tregua que el Padre pudo conseguir en Abraham encontrándolo digno para bendecirnos por medio de su hijo. Pues Abraham es quien encabeza la genealogía de Jesucristo, según *Mateo Capítulo 1*. Siendo nuestro salvador la *28*va generación desde el Patriarca; catorce hasta David y catorce de David hasta su nacimiento.

Esto nos muestra una visión clara de la gracia, que propiamente antecede al tiempo de la Ley Mosaica. Posiblemente la manera en la que el ser humano es justificado ante Dios es lo que ha variado. Pues en los tiempos de Abraham había que creer en Elohim por medio de las enseñanzas y principios patriarcales dictados a sus hijos.

En el tiempo de la ley el ser humano era justificado por medio de sus acciones ante los demás, en especial ante los tribunales y sus correspondientes jueces. En este tiempo nuestra fe en el sacrificio hecho en el Gólgota por el cordero de Dios es más que capaz de justificarnos ante Él, quitando nuestra culpa e iniquidad.

Por ello el siguiente apartado nos muestra claramente cómo ha evolucionado el mundo, tocante al pecado de los primeros seres humanos hasta la era presente. En la que vemos una alternativa definitiva en el hijo del Hombre, que colocará la cereza en el pastel para que el Eterno y sus hijos reinen por toda la eternidad en el paraíso prometido, como lo fue al principio en el Edén.

> *"Pero con el don no sucede como con el juicio trasmitido por medio de aquel uno que pecó; porque ciertamente el juicio surgió de una sola transgresión para condenación; pero el don gratuito vino a causa de muchas transgresiones para justificación.*

Porque si por la transgresión del uno, la muerte reinó por medio del uno, mucho más reinarán en vida por uno, Jesús el Mesías, los que reciben la abundancia de la gracia y del don de la justicia."

Romanos 5:16-17 BTX

El bajo nivel en el que había caído la raza humana por generaciones y generaciones, necesariamente requería de un plan maestro capaz de alcanzar a todos. Puesto que, la carga de pecado que había sobre los hombres y mujeres del mundo ya no tenía vuelta atrás, y, por tanto, había que solventar dicha situación de una sola vez y para siempre, y así recuperar la vida que en Edén se había perdido.

"Por tanto, así como por medio de una transgresión vino la culpa a todos los hombres para condenación, así también, por medio de un acto de justicia, vino la gracia a todos los hombres para justificación de vida."

Romanos 5:18 BTX

REFLEXIONEMOS

La gracia no exime a la persona de la paga por sus pecados, sino que, por encima del castigo a recibir, el padre Celestial tiene la capacidad de rescatar su alma de la muerte a la que estaba destinado.

Por lo tanto, la gracia no es ni para los creyentes ni para los no conversos una licencia para pecar, si no que por el contrario es una salvaguarda que nos rescata de la vida de pecado y nos conduce a la abundancia del Dios que nos llama. Teniendo claro que no es por méritos propios, si no por la decisión de un Padre que sacrifica a su primogénito para ganar a todos sus hermanos.

GUÍA DIDÁCTICA

1. *¿Cuál considera usted, es el significado más preciso de la gracia?*
2. *¿Cómo, cuándo y dónde se manifiesta la gracia?*
3. *¿Cuál es el símbolo inequívoco de la manifestación de la gracia?*
4. *¿Qué significa que la gracia es un don?*
5. *¿Exonera la gracia al pecador de la condena por sus actos? Explique*
6. *¿En qué consiste el alcance de la ley versus el alcance de la gracia?*
7. *¿Es la gracia exclusiva de la época Neo testamentaria? Justifique su respuesta*

CAPÍTULO 12

EL CORDERO DE LA CRUZ

"Ni siquiera todas las mentes brillantes de la cristiandad en conjunto a lo largo de los siglos tienen capacidad para explicar de manera adecuada la expiación obrada en la cruz del calvario".

— A. W. Tozer

El mayor evento profetizado en las escrituras, lo representa la llegada del Mesías al mundo, usando como epicentro el pueblo de Israel, con la intención de liberar a los escogido por Adonai (así como lo representa dicho título), de toda la oscuridad en la que se encontraban, por haber desobedecido las ordenanzas dictadas a través de los profetas de la antigüedad.

"El pueblo que andaba en tinieblas verá gran luz; A los que moraban en tierra de sombra de muerte, Les resplandecerá la luz."

Isaías 9:1-2 BTX

✡ Profecías sobre el Mesías

El profeta Isaías inicia el capítulo 9 hablando acerca de los que han creído al anuncio del Eterno, por medio de él como mensajero. Decir esto en una época como la que se encontraba el profeta era todo un desafío; estamos hablando de unos *750* años aproximadamente antes del Principe de Paz.

Esto nos habla de cómo nuestro Dios tiene cuidado de todo lo que ha de ser, mucho antes de que los tiempos traigan a la luz los acontecimientos que con anterioridad son señalados por los siervos de nuestro Señor.

Este tema está ligado de manera directa no solo a la redención del pueblo de Israel sino también de toda la raza humana a lo largo y ancho del planeta. Por ello es importante que veamos como otros hombres de Dios hablaron del advenimiento y travesía del Mesías a su pueblo:

- ▶ Nacido de simiente de mujer; *Genesis 3:15*
- ▶ Tendría que huir a Egipto; *Oseas 11:1*
- ▶ Se anunció el tiempo de su nacimiento; *Daniel 9:25*
- ▶ Nacería en Bet-léhem (Belén) Efrata; *Miqueas 5:2*
- ▶ Fue sacerdote según el orden de Melquisedec; *Salmos 110:4*
- ▶ Entró triunfalmente a Jerusalem montado en un asno; *Zacarías 9:9*
- ▶ Fue vendido por treinta piezas de plata; *Zacarías 11:12*
- ▶ Cargó el pecado de multitudes y oró sus transgresores. *Isaías 53:12*
- ▶ Resucito y ascendió a los Cielos; *Salmos 68:18*

✡ Reconocimiento del cordero

Nuestro Adón como cordero enviado en propiciación por los pecados de la humanidad. Recibió el justo reconocimiento en diversas ocasiones y por múltiples personalidades; quienes tuvieron la oportunidad de verlo en alguna de las etapas de su vida. Desde el momento mismo en qué se encontraba en el vientre de su madre, hasta el día en el que murió en la cruz del calvario.

A continuación, mencionamos los momentos más memorables en los que Jesús es reconocido como mesías:

Estando en el vientre de su madre

Si sabemos lo acontecido en el vientre de María conforme al dictamen del ángel Gabriel, según el evangelio de Lucas 1:26-31. Entonces somos capaces de entender cómo es posible que esta virgen escogida por Hashem para llevar a su hijo debió tener un embarazo fuera de toda razón humana como lo expresa el evangelista Mateo.

> *"Éste es el relato de cómo nació Jesús el Mesías. Su madre, María, estaba comprometida para casarse con José. Pero, antes de que la boda se realizara, mientras todavía era virgen, quedó embarazada mediante el poder del Espíritu Santo."*
>
> *Mateo 1:18 NTV*

Entendiendo todo lo anteriormente dicho, es muy atinado el hecho de que el Mesías siendo solo un pequeñuelo en el vientre de su madre, fuese visto desde la orbita espiritual y sentido desde el punto de vista humano, por aquellos a quienes se les había concedido el privilegio de ver su llegada al pueblo de Israel y por consiguiente al mundo, que venía a libertar.

Por ello como nos lo indica la cita a continuación, Elizabeth quien era la esposa de un sacerdote y estaba embarazada del profeta que abriría el camino del Mesías pudo percibir y sentir la llegada del que muchos anunciaron que vendría a liberar a su pueblo.

> *"Cuando Elizabet oyó el saludo de Miriam, aconteció que la criatura saltó de gozo en su vientre, y Elizabet fue llena del Espíritu Santo.*
> *Y exclamó a gran voz, y dijo: ¡Bendita tú entre las mujeres, y bendito el fruto de tu vientre!"*
>
> *Lucas 1:41-42 BTX*

Elizabeth no solo por ser esposa de Zacarias, sino que como una mujer devota al Eterno en su accionar de vida, tenía facultades para entender quién era el Mesías y avistar cuando llegaría, pues era parte del propósito de Adonai en ella. Digo esto porque su vientre se había cerrado, así como paso con Sara, Rebeca, Raquel, Ana...Para evitar que de ella saliera el profeta que anunciaría en su época y que por ende prepararía el camino angosto, difícil, desafiante, pero exclusivo del salvador y redentor de la raza humana.

Al nacer

Que interesante es el nacimiento del Yeshúa en Bet-léhem de Judea, ya que no era el mero nacimiento de un niño común y corriente. Era la llegada más esperada por los judíos de entonces, pues en sus hombros reposaría la responsabilidad de libertar a su pueblo y toda la humanidad del oscurantismo que por generaciones había gobernado el planeta tierra.

En este sentido el evangelista Mateo narra, como llegaron unos sabios procedentes del oriente, en este caso sería el oriente lejano, muy posiblemente de Babilonia o Persia. Quienes eran estudiosos de los astros y conocedores de las profecías judías, por lo que se intuyen que eran judíos de la diáspora muy acaudalados en vienes económicos, ya que llegaron a Jerusalén con una caravana en la que llevaban muchos de sus bienes como presentes para el niño que había nacido en un pesebre o establo.

Estos habían estado pendiente a la lectura de los astros y avistaron la estrella naciente del Mesías, conforme a la tradición que dice que cuando nace un ser humano nace con él una estrella.

> *"Entonces, al ver la estrella, se regocijaron con un grande gozo,*
> *y entrando en la casa, vieron al niño con su madre Miriam, y*
> *postrándose lo adoraron; luego abrieron sus tesoros y le ofrecieron*
> *como presentes oro, incienso y mirra."*
>
> *Mateo 2:10-11 BTX*

Los presentes llevados por los sabios tienen su correspondiente significado. En el caso del oro, resalta la realeza del Mesías, así como los sabios le habían dicho al propio rey Herodes. El incienso tiene una doble implicación; la primera alude al punto de vista ministerial y representa al sacerdote que ministra en el altar de Elohim. La segunda implicación se refiere a su divinidad, ya que con el incienso se rinde adoración a quienes se consideraban divinos.

La mirra tiene una importancia capital en este encuentro de los sabios con el salvador naciente y sus padres; ya que la misma es empleada para la elaboración del aceite de la santa unción de *éxodo 30:22-30*, con el que se ungía los utensilios sagrados, así como a quienes servirían en el sacerdocio.

En otro sentido, la mirra en la antigüedad era empleada para embalsamar los cuerpos de los muertos antes de su sepultura. Por ello José de Arimatea y Nicodemo utilizan la mirra y aloes para envolver en lienzos el cuerpo del cordero sacrificado, Juan 19:38-40. Esto es un indicativo de la importancia del Maestro para sus discípulos y muchos de los judíos de la época, así como también de sus dotes como redentor.

Todos estos presentes de manera profética están diciendo que un nuevo Rey ha nacido y que el mismo es una representación del sacerdocio del Eterno. Razón por la cual tendría la asignación de oficiar el sacrificio por todo el pueblo en el día de la preparación de la pascua para el cual fue destinado a hacerlo.

Pues en él se representa a la divinidad existente como el verbo que se hizo carne.

> *"Y aquel Verbo fue hecho carne, y habitó entre nosotros (y vimos su gloria, gloria como del unigénito del Padre), lleno de gracia y de verdad."*
>
> *Juan 1:14 RV60*

Al ser presentado en el templo

Es interesante como la historia del Mesías trasciende a las generaciones que existían en el pueblo de Israel y los pueblos vecinos, cuando llegó al mundo. Por consiguiente, era de rigor que su llegada no fuese de manera inadvertida sino reconocida en todas sus facetas, para testimonio de la generación de su época y de las generaciones por venir.

Por ende, un evento como la presentación de un niño judío en el templo posterior a la circuncisión del mismo, no podía pasarse por alto. En el caso de nuestro Salvador no fue la excepción, pues conforme lo indica el evangelista Lucas, un hombre cuyo nombre era Simeón había recibido por revelación que no vería muerte hasta que no viese al Ungido del Señor.

> *"Y por el Espíritu entró en el templo; y cuando los padres trajeron*
> *adentro al niño Jesús, para hacer con Él conforme al rito de la ley,*
> *también él lo tomó en sus brazos, y bendijo a Dios, y dijo: Ahora,*
> *Soberano, despides a tu siervo en paz, Conforme a tu palabra;*
> *Porque mis ojos vieron tu salvación."*
>
> *Lucas 2:27-30 BTX*

Este memorable momento no solo fue significativo para Simeón, sino también para los asistentes a la ceremonia y por su puesto para nosotros en el día de hoy. Que el Mesías fuese reconocido desde su niñes tiene una importancia capital, en especial cuando en el presente existen judíos de diversas líneas de pensamiento que no reconocen a Yeshúa como el enviado del Padre.

Del mismo modo, al momento en el que se oficia la presentación del salvador en el templo, se encontraba una profetiza llamada Ana de la tribu de Aser, que no salía de aquel lugar, pues era devota en su búsqueda con ayunos y oraciones.

> *"Llegó justo en el momento que Simeón hablaba con María y*
> *José, y comenzó a alabar a Dios. Habló del niño a todos los que*
> *esperaban que Dios rescatara Jerusalén."*
>
> *Lucas 2:38 NTV*

Por uno de sus discípulos

Que importante es el hecho de que los seguidores del maestro de maestros, fuese reconocido como quien era, por aquellos que se encontraban en su cirulo íntimo. Militando a su lado, para llevar a cabo la encomienda del Padre Celestial.

Por ello, El Ungido les pregunta a sus discípulos acerca de lo que decían las personas respecto de él. A lo que ellos le responden que unos dicen que eres Juan el Bautista, otros Elías, otros Jeremías y otros uno de los profetas. Sin embargo, él les dirige la pregunta a sus discípulos, para determinar lo que ellos sabían al respecto.

"Respondiendo Simón Pedro, dijo: Tú eres el Mesías, el Hijo del Dios viviente.
Respondió Jesús y le dijo: Bienaventurado eres Simón bar Jonás, porque no te lo reveló carne ni sangre, sino mi Padre que está en los Cielos."

Mateo 16:16-17 BTX

Que maravilloso cuando Pedro pudo responder a la pregunta del Maestro. Sin embargo, la segunda parte del versículo 17 dice algo muy interesante y es que ver quien era el Mesías era algo que venía revelado por medio de Elohim. Por tanto, aquellos que no recibían dicha revelación no lo reconocerían como el Enviado.

Por esta razón muchos en su tiempo y a lo largo de los años no han sido capaces de conocer la realidad en torno a Jesús. Pues para ello se requiere de un nivel de humildad y servidumbre que permita al Espíritu Santo revelarnos la identidad de nuestro Mesías.

Por el mayor de los profetas de la era común

Los profetas de antaño hablaron acerca del Mesías y su llegada al pueblo de Israel. Por boca de Miqueas se sabe que nacería en Belén de Judá. En Genesis se nos expresa que saldría de la tribu de Judá y así encontramos un sin número de profecías dadas a los profetas y plasmado a lo largo de todo el Antiguo Testamento.

Sin embargo, se hacía necesario que en la era común se hiciese anuncio acerca de nuestro redentor y esta fue una labor encomendada al hijo del sacerdote Ezequías, cuyo nacimiento fue revelado a su padre mientras oficiaba en su turno sacerdotal en el templo de Adonai, por el mimo ángel Gabriel que anunciara al Mesías.

"Al día siguiente, ve a Jesús que viene hacia él, y dice: ¡He aquí el Cordero de Dios, que quita el pecado del mundo!
Éste es de quien yo dije: Detrás de mí viene un Varón que se me ha adelantado, porque era primero que yo.
Y yo no lo conocía, pero para que Él fuera manifestado a Israel, por eso vine yo bautizando en agua."

Juan 1:29-31 BTX

Tener a un profeta como Juan el bautista anunciando al Mesías, es una muestra fehaciente de que era el elegido para cumplir con la encomienda Mesiánica anhelada y esperada por todo el pueblo judío y consecuentemente por toda la humanidad.

El propio Ungido del Eterno habló maravillosamente de este pregonero de Israel.

> *"Os digo que entre los nacidos de mujeres, ninguno es mayor que Juan."*
>
> *Lucas 7:28 BTX*

Por un centurión Romano

La llegada del Salvador al mundo no solo era un destello de esperanza para el pueblo de Israel. Sino que a través de él toda la humanidad entraba en esa gracia que había sido dada a Abraham cuando se le dijo *"y en tu simiente serán benditas todas las naciones de la tierra, por cuanto has obedecido a mi voz."*

En este sentido la salvación no solo había llegado a la casa de David, también había sido manifestada a toda la raza humana, por el pacto antiquísimo hecho por el Eterno con un habitante de Ur de los caldeos.

Por ello, cuando el Mesías estaba colgado en el madero, haciendo expiación por nuestros pecados, su sufrimiento y entrega no pasaron inadvertidos a quienes se encontraban en el lugar del sacrifico.

Ciertamente muchos se burlaron y lograron que lo colgaran en la cruz, sin embargo, otros pudieron reconocer quien era en realidad.

> *"Y el centurión que estaba de pie frente a Él, viendo que había expirado así, dijo: ¡Verdaderamente este hombre era Hijo de Dios!"*
>
> *Marcos 15:39 BTX*

Un gran número de personalidades fueron incapaces de reconocer el accionar mesiánico del nacido en Belén Efrata, hijo de María y José. A pesar de, este centurión romano, al igual que muchos otros al presenciar su muerte pudo comprender el poder redentor que hay en el Enviado de las naciones. Digo que hay, pues como bien sabemos, murió en ese momento que el Centurión lo ve, pero posteriormente se levantó de la tumba para completar su misión emancipadora.

✡ *El siervo sufriente*

Uno de las revelaciones dadas al profeta Isaías tocante al Mesías, es que el mismo sería un *"varón de dolores, experimentado en quebranto"*. Refiriéndose al sufrimiento que como siervo del Eterno tena que atravesar para llevar a cavo el plan de salvación que alcanzaría a todas las generaciones.

Nuestro amado Salvador tuvo que ver en carne propia como uno de sus apóstoles amados, le entregaba con un beso de hipocresía a sus detractores, para ser llevado al juicio que le conduciría a la cruz.

> *"Mientras todavía hablaba, vino Judas, uno de los doce, y con él mucha gente con espadas y palos, de parte de los principales sacerdotes y de los ancianos del pueblo.*
> *Y el que le entregaba les había dado señal, diciendo: Al que yo besare, ése es; prendedle.*
> *Y en seguida se acercó a Jesús y dijo: ¡Salve, Maestro! Y le besó."*
>
> *Mateo 26:47-49 BTX*

Para llevar a cabo el plan de redención tenía que pagar un alto precio. El cual podemos verlo, por medio de los eventos en los que se manifiesta su inocencia, juzgada a manera de trasgresión.

> *"Pilato, pues, tomó entonces a Jesús, y lo azotó.*
> *Y los soldados trenzaron una corona de espinas, se la pusieron en la cabeza y lo vistieron con un manto purpúreo;*
> *y se acercaban, y le decían: ¡Viva el rey de los judíos! Y le daban bofetadas."*
>
> *Juan 19:1-3 BTX*

Uno de los salmos expresa el sufrimiento de su travesía emancipadora así:

> *"Me pusieron además hiel por comida, Y en mi sed me dieron a beber vinagre."*
>
> *Salmos 69:21 BTX*

Inmenso fue el castigo sufrido para consumar el propósito por el cual había venido a la tierra de los vivientes. Y es que vemos que lo dicho en el *salmo 69:21* como palabras de sabiduría, ahora eran un hecho palpable y estando en la cruz, da fiel cumplimiento a la escritura anteriormente citada.

> *"Después de esto, sabiendo Jesús que ya todo había sido consumado, para que se cumpliera la Escritura, dijo: Tengo sed. Estaba puesta una vasija llena de vinagre. Entonces sujetaron alrededor de un hisopo una esponja empapada en vinagre y se la acercaron a la boca."*
>
> *Juan 19:28-29 BTX*

Ahora el evangelista Juan nos narra los hechos de primera mano. En donde se puede ver en detalle, como sus verdugos lo llevaron a cumplir el propósito de redención para el cual se había hecho hombre, sufriendo en su carne el castigo y escarnio de su propia etnia; quienes usaron al imperio Romano como látigo para imprimirle el martirio que ellos orquestaron.

✡ *El sacrificio del cordero*

Existe una realidad fundamental en la que el pueblo de Dios fundamentaba su sistema de redención, y la misma giraba en torno a los rituales oficiados por los sacerdotes, en los que se ofrecían sacrificios de animales escogidos a favor del pueblo de Israel y anualmente en el día de Yom Kipur en favor de toda la humanidad.

Esto no tiene nada de negativo, sino que hay un elemento a destacar y es que la operatividad de estos ritos dados por Eterno al pueblo de Israel en la figura de Moisés, eran sombra del sacrificio que oficiaría el Mesías al venir a su pueblo.

Sin embargo, muchos Israelitas o devotos del judaísmo están esperando el momento en el que se reconstruya el nuevo templo y se pueda continuar con el ritual de sacrificios. Sin embargo, la razón de que no haya sacrificios es que Jesús vino y realizó un último sacrificio capaz de limpiarnos para siempre.

Pero en su venida al mundo, la gran mayoría de los líderes religiosos de la época no le hicieron caso y lo crucificaron como si hubiese sido un impostor y farsante. Por ello, muchos aguardan la venida del Mesías como redentor de sus vidas; ya que solo reconocen a nuestro Adón y en el mejor de los casos para ellos es un profeta más.

> *"Y derramaré sobre la casa de David y sobre los habitantes de Jerusalem espíritu de gracia y de oración, y me mirarán a mí, a quien traspasaron, y llorarán como se llora por causa del unigénito, y se afligirán por Él como quien se aflige por el primogénito."*
>
> *Zacarias 12:10 BTX*

Es importante destacar conforme lo dice el texto citado, que el Mesías sufrió el oprobio como cordero que vino a ser sacrificado y a redimir a su pueblo del pecado y por tanto del oscurantismo que reinaba sobre la creación del Eterno.

Por tanto, el regresará, pero sin relación con el pecado, y en su segunda venida establecerá el orden en la casa de Israel. Así mismo hará justicia sobre quienes lo traspasaron y posteriormente establecerá su reino al junto de sus escogidos y juzgará a las naciones con vara de hierro.

✡ Salvación en la cruz

El evento de mayor dolor para el cristianismo desde el punto de vista del sufrimiento propiciado a nuestro Señor y Salvador, lo representa la travesía y crucifixión en la cruz del calvario. Debido a todo el dolor experimentado, por aquel que decidió llevar sobre si el oprobio y toda carga de pecado, que residía sobre la dimensión espiritual en la que se sitúa el planeta en el que vivimos.

Remembrar estos eventos produce mucha nostalgia a pesar de que sabemos que el precio pagado era el único camino hacia la libertad espiritual que tanto anhelábamos. Por ello, aun en la cruz tenemos múltiples eventos que conducen a la libertad y salvación del alma.

> *"Porque nosotros, en verdad, justamente padecemos, porque recibimos cosas dignas de las que hicimos, pero Éste, nada malo hizo. Y decía: ¡Oh, Jesús, acuérdate de mí cuando vayas a tu reino! Le dijo: De cierto te digo, hoy estarás conmigo en el paraíso."*
>
> *Lucas 23:41-43 BTX*

Que maravilloso evento, en el que un moribundo que había tenido una vida de delitos, recibe la grata noticia de que el Hijo del Hombre le estaría haciendo compañía colgado en un madero a su lado y que mejor aún le perdona sus pecados y le recibirá en su Reino. Ese es el poder que ninguna otra persona sería capaz de mostrar. Sin embargo, con su poder, gracia y misericordia se hacía posible dar liberad a un ladrón arrepentido, que se encontraba tocando la puerta de la muerte.

Esto nos indica que no hay lugar preferido por el Eterno, para liberar de la esclavitud más profunda a ser humano alguno. Sino que su gracia es capaz de llegar a los lugares más bajos y a las situaciones más complicadas, contar de que un alma viviente pueda ser liberada de la muerte espiritual que viene dada como consecuencia del pecado.

REFLEXIONEMOS

Son cuantiosas y de mucho impacto las travesías que conducen al Mesías hacia su destino profético; ¡la cruz del calvario! Nada podía detenerlo en el cumplimiento de su propósito como hijo; como primogénito de toda la raza humana, como cordero expiatorio y como sacerdote que oficia su propio sacrificio por el rescate de todos.

El clímax de su vida, lo representa la negación de los poderosos, pero la aceptación de los humildes, el juicio de los políticos y religiosos de la época, pero el reconocimiento de hombres y mujeres con una convicción capaz de romper los Cielos.

Por un lado, vemos como la crucifixión se materializa a través de las leyes imperiales; justificadas en múltiples maneras por sus detractores. Por otro lado, reinaba la resignación y el lamento de quienes dentro o fuera del accionar del imperio, tenían la osadía de honrarlo por quien decidió ser ¡El Cordero de la Cruz!

GUÍA DIDÁCTICA

1. *¿Cuál a su juicio es la profecía de la venida del Mesías más impactante?*

2. *¿Por qué Jesús debía ser reconocido como el cordero expiatorio?*

3. *¿Cuáles son los eventos de reconocimiento de Jesús como Mesías que más le llamaron la atención?*

4. *Describa brevemente el significado de: El oro, el incienso y la mirra.*

5. *¿Qué importancia tiene que Juan el Bautista como profeta y con linaje sacerdotal reconozca el papel como libertador de Jesús, según lo cita Juan 1:29-31?*

6. *Según el contexto bíblico, ¿A qué se refiere el profeta Isaías cuando cita "varón de dolores, experimentado en quebranto"?*

7. *Tocante a los ritos expiatorios de la ley mosaica ¿cuál es la posición en que se sitúa Jesús el Mesías?*

8. *¿Qué representa para usted la figura del ladrón que se arrepiente ante Jesús y la figura del que aun en condición de muerte decide no hacerlo?*

CAPÍTULO 13

LA SALVACIÓN DEL HOMBRE

"La salvación no es una recompensa para los justos, es un regalo para los culpables".

— *Steven Lawson*

La salvación se define como la mayor manifestación de amor, que el Eterno ha mostrado a toda la raza humana. Enviando a su hijo a llevar sobre sí mismo la carga del pecado global, y otorgándonos la oportunidad de tener acceso a una íntima relación con el Padre.

El versículo bíblico que mejor define este accionar divino en favor de la humanidad lo es:

✡ *La caída del Hombre*

Para poder entender este concepto de la caída del hombre, tenemos en primera instancia que comprender ¿qué es el pecado? Y de esta manera tener una cosmovisión lo suficientemente clara y ser explícitos a la hora de definir este concepto de la caída.

Por tanto, podemos definir el pecado, como el evento en el que el ser humano desobedece las instrucciones dadas por el Eterno y se aboca a escuchar y obedecer las mentiras y propuestas hechas por satanás. Haciendo el hombre uso en este sentido del concepto teológico llamado libre albedrio.

"Por tanto, como el pecado entró en el mundo por medio de un hombre, y por medio del pecado la muerte, así también la muerte pasó a todos los hombres, por cuanto todos pecaron."

Romanos 5:12 BTX

En este sentido el pecado levanta una barrera entre el Hashem y su creación. Lo cual, en todo el sentido de la palabra, crea una ruptura tajante entre el Creador y sus criaturas, entre el padre y sus hijos, entre el Dios y sus servidores.

"Por cuanto todos pecaron, y están privados de la gloria de Dios."

Romanos 3:23 BTX

✡ Plan de salvación o redención

Hablar de la importancia que les da Dios a sus criaturas, es algo que trasciende mucho más allá de lo que nosotros como seres limitados podemos comprender, entender y por ende expresar. Su amor, gracia y misericordia son más excelsos que nuestras capacidades como entes pensantes.

Así lo expresa el salmista David:

"Porque más grande que los Cielos es tu misericordia, Y hasta los Cielos tu verdad."

Salmos 108:4 RV60

El plan de redención de la raza humana inició en el huerto que el Eterno había colocado al oriente de Edén. Una vez que Adán y Eva desobedecieron las instrucciones y ordenanzas que les habían sido dadas, para que se condujeran dentro de este paradisíaco lugar en el que se les había colocado.

Podemos ver de manera palpable como el plan de salvación toma forma a través del siguiente versículo.

"Y el SEÑOR Dios hizo ropa de pieles de animales para Adán y su esposa."

Génesis 3:22 NTV

Tocante a este versículo existen muchas conjeturas teológicas, para dar explicación a la acción que el Adonai toma, en cuanto a colocarles ropas de animales. Pero la realidad latente es que en vez de sacrificar o matar a Adán y a Eva, el Elohim usa por primera vez la figura del cordero sustituto como se manifiesta en el capítulo 16 de Levítico.

Es un indicativo claro de que, en la mente de la Dios, la raza humana no tendría que ser extinguida a pesar de su falta. Todo ello lo vemos con el ritualismo que se desarrolla a todo lo largo y ancho del libro de levítico, en el que se detallan los tipos sacrificios, la metodología a emplearse y la razón por la que deben ser realizados.

Todo esto demuestra el plan salvífico de nuestro Elohim y la manera en la que por medio de la Ley Mosaica el ser humano podría encontrar reconciliación con Él, a través de los sacrificios en el tabernáculo de reunión.

"Para que así como reinó el pecado para muerte, así también la gracia reine por la justicia para vida eterna, mediante Jesús el Mesías, Señor nuestro."

Romanos 5:21 BTX

✡ Salvación a los gentiles

Es importante que nosotros, quienes hemos aceptado al Mesías en nuestras vidas, comprendamos la manera en la que, sin ser parte del pueblo escogido por Elohim, somos participes de su maravilloso plan de salvación.

"y en tu simiente serán benditas todas las naciones de la tierra, por cuanto has obedecido a mi voz."

Genesis 22:18 BTX

Tenemos que resaltar conforme lo indica el versículo anterior, que dentro de las bendiciones dadas al patriarca Abraham nos encontramos las diferentes etnias de la tierra. Esto es importante resaltarlo, porque, aunque Abraham es el padre de Israel, el antecede a la formación de dicho pueblo y es más bien el pilar sobre el cual El Elyon bendice a todas las naciones de la tierra.

Entiendo que es la manera en la que el pacto de bendición de Adonai con el patriarca nos involucra a todos. Por lo tanto, introducir en este sentido el elemento de la salvación no es para nada descabellado, sino por el contrario bastante lógico y bien fundado.

En el nuevo testamento nos encontramos con algunos textos, que pueden establecer un buen fundamento tocante al punto que nos encontramos tratando en estos momentos.

"Digo, pues: ¿Han tropezado los de Israel para que cayesen? En ninguna manera; pero por su transgresión vino la salvación a los gentiles, para provocarles a celos."

Romanos 11:11 RV60

Este apartado bíblico de manera clara habla de cómo la salvación a los gentiles o pueblos fuera de la nación de Israel es una provocación a celos para el pueblo escogido por el Eterno, ya que este en múltiples ocasiones ha transgredido las leyes y preceptos que les fueron dados.

Eso no significa que el plan de salvación a los gentiles sea un mero accidente, sino que nosotros disfrutamos de las bendiciones correspondientes al pacto que con dicho pueblo fue hecho por El Olam.

Por ende, sea que ellos fallasen o no, existiría una manera a través de la cual la salvación llegase a nuestros pueblos, pues la idea de redención no surge con Israel, sino con los padres de la raza humana, Adán y Eva. En este sentido dejarlos vivir a ellos, fue darnos vida también a nosotros.

"Sea pues notorio, que a los gentiles ha sido enviada esta salvación de Dios. Ellos oirán"

Hechos 28:28 BTX

Una vez más nos encontramos con un texto de las sagradas escrituras, que nos habla de cómo muchos judíos no escucharon el evangelio de Jesucristo conforme lo indica el verso *27* del citado capítulo. Pero muy por el contrario los gentiles aceptaron el mensaje con la sumisión y humildad necesaria como para recibir la adopción de hijos y si hijos entonces también herederos del reino celestial.

✡ *Reconciliación de la raza Adámica*

La caída de Adán, Eva y consecuentemente la caída de toda la raza humana, a partir de ese fracaso funesto en el huerto que estaba en Edén. Necesariamente estaba en búsqueda de una remisión y reconciliación, para que el estado de oscurantismo y ruptura con El Abba fuese restablecido lo antes posible.

En este sentido vemos que el Eterno por medio de uno de sus siervos trae a su debido tiempo la respuesta oportuna.

> *"No obstante, la muerte reinó desde Adam hasta Moisés, aun sobre los que no pecaron en la semejanza del delito de Adam el cual es figura del que había de venir."*
>
> *Romanos 5:14 BTX*

Conforme lo indica este versículo, Adán era figura del que había de venir. Para de esta manera traer la solución definitiva que saldaría la deuda que la humanidad estaba llevando sobre sus hombros y de esta manera erradicar la enemistad que vino por la transgresión de los dictámenes del Eterno y Soberano, trayendo así la reconciliación entre las partes por medio de un pacto de vida eterna.

Ya que por medio de la ley la culpa y la pena solo podía ser aminorada de vez en vez en algunos casos y de año en año, en el caso del día de la expiación, día del perdón o día del arrepentimiento, en hebreo Yom Kipur.

Por tal razón el Eterno en su gracia y soberanía decidió enviar a Jesús el Mesías para que nuestra culpa y la separación que con Él teníamos, fuese erradicada por medio de aquel cordero de quien Juan el Bautista dice *"he aquí el Cordero de Dios que quita el pecado del mundo Juan 1:29"*.

Por ello a través del Jesús el Mesías somos reconciliados con el padre como lo dice el Apóstol Pablo:

> *"Y todo esto proviene de Dios, quien nos reconcilió consigo mismo por el Mesías, y nos confió el ministerio de la reconciliación:*
> *Esto es, que Dios estaba en el Mesías reconciliando al mundo consigo mismo, no tomándoles en cuenta sus pecados, y puso en nosotros la palabra de la reconciliación."*
>
> *2 Corintios 5:18 BTX*

Que hermosas y poderosas palabras a través de la epístola del apóstol Pablo a los corintios. La cual nos muestra al postrer Adán, cargando sobre sus hombros la reconciliación con el padre, que en el huerto del Edén se había perdido. Por medio de toda una travesía libertadora que se gestó en la tierra de Israel, como epicentro del mayor acontecer histórico-emancipador de todos los tiempos y a través del que todas las etnias son llevadas ante el creador para tener comunión con Él.

Era una realidad muy dura, el hecho de que el ser humano estuviese de manera constante en enemistad con su creador, por un acto de rebelión acontecido en el jardín del Edén. Esta realidad demandaba una acción directa del creador, por ello en el Mesías suplimos esa necesidad de cercanía y no solo eso, sino que también nos garantizó el acceso a la vida Eterna.

> *"Porque si siendo enemigos, fuimos reconciliados con Dios por la muerte de su Hijo, mucho más, habiendo sido reconciliados, seremos salvos por su vida."*
>
> *Romanos 5:10 BTX*

✡ *Precio de la salvación.*

El precio de la salvación tiene un muy elevado nivel de connotación. El cual puede ser perfectamente explicado por medio del evento que se lleva a cabo en el huerto de Getsemaní (prensa de aceite).

> *"Y yendo un poco más adelante, se postraba en tierra y oraba que si era posible, pasara de Él aquella hora.*
> *Y decía: ¡Abba (Padre), todas las cosas son posibles para ti!*
> *¡Aparta de mí esta copa! pero no lo que Yo quiero, sino lo que Tú."*
>
> *Marcos 14:35-36 BTX*

En este evento que se suscita en el Getsemaní y que no solo es citado por Marcos, sino también por el evangelista Mateo, el médico e historiador Lucas y el apóstol Juan, podemos ver el sufrimiento del Maestro previo a su entrega a las autoridades Romanas y posteriormente lo que sería el clímax de su accionar redentor, representado por su entrega sin reservas. Al punto de ser exprimido como una oliva para extraer de él la pureza que nos daría el aceite suficiente para iluminar nuestras vidas.

Cabe destacar que el sufrimiento que sentía nuestro Libertador en ese momento, según la interpretación de respetados exegetas, se debió al hecho de que a través del sacrificio que se aproximaba sería hecho pecado o sentiría el horror y suciedad del pecado, al asumir la cruz como el medio para la expiación por nuestras transgresiones.

> *"Al que no conoció pecado, por nosotros lo hizo pecado, para que nosotros llegáramos a ser justicia de Dios en Él"*
>
> *2 Corintios 5:21 BTX*

Otro evento de importancia para resaltar el precio de la salvación lo representa el momento en el que nuestro Señor y redentor se encuentra en la cruz del calvario y está muy próximo a morir a causa de los golpes recibido y del castigo infringido al ser colgado en el madero.

> *"Desde la hora sexta hubo oscuridad sobre toda la tierra hasta la hora novena, y alrededor de la hora novena, Jesús exclamó con gran voz, diciendo: Eli, Eli ¿lema sabajtani? (Esto es: Dios mío, Dios mío, ¿por qué me desamparaste?)"*
>
> *Mateo 27:46-47 BTX*

Es una situación muy difícil por la que el Mesías se encontraba atravesando, luego de tanto dolor sufrido a través de los martirios infringidos por sus verdugos. Muchos han estado de acuerdo en que en dicho evento él se encontraba sintiendo el peso del pecado de toda la humanidad existente. Pero yo me atrevería a decir de la existente y de la que existiría durante las diferentes etapas de la humanidad, hasta el final de los siglos.

Por demás, como cordero dispuesto a sufrir las consecuencias de todas las generaciones, debía sentir en carne propia el peso de todo pecado e iniquidad. Es por esta razón que el Padre Celestial no puede intervenir en un momento en el que toda la carga del pecado de la humanidad estaba sobre sus hombros. Cumpliendo en estos momentos con el adjetivo de cordero sufriente.

✡ *Alcance de la salvación*

Uno de los elementos más importantes tocante al tema del plan salvífico del Eterno, lo representa el alcance que el mismo posee; ya que muy a pesar del hecho de que la salvación sale del pueblo hebreo, no es una marca de exclusividad para ellos.

El plan de salvación tiene una connotación global, pues en Adán y Eva, toda la humanidad se convirtió en heredera del pecado, pero en el Sumo Sacerdote por excelencia y nuestro redentor Jesucristo, tenemos acceso a la gracia que viene para redimirnos de toda iniquidad.

Porque en el juicio y condena del maestro vemos dos elementos muy importantes:

Un juicio religioso conforme al sistema judaico de la época: El Sanedrín

Es importante que podamos comprender que para el judaísmo en la época de Jesús, el Mesías representaba una amenaza de un nivel que nunca antes habían tenido. Debido al hecho de que el mismo se dirigía con especialidad al pueblo común, a aquellos que no tenían para pagar una catedra de Torá; esto podemos verlo en el llamado sermón del monte de Mateo 5.

Por otra parte, El Maestro confrontaba al sistema religioso de la época, encabezado por los fariseos, saduceos, escribas e intérpretes de la ley. Debido a los privilegios de los que participaban y de las cargas que le imponían al pueblo sin tener esto que ser parte del sistema de leyes dados a Moisés. Esto lo podemos encontrar en el libro de Lucas 11:37-54.

Crucificado bajo las leyes Romanas

Si el sistema religioso de la época eran lo que querían crucificar a JesúsJesús, este debió morir lapidado o apedreado y no crucificado. Sin embargo, hay dos connotaciones importantes para que no fuese de esta manera. La primera es que el ritual del cordero pascual establecía que no se le podía quebrar huesos al cordero; *Éxodo 12:46 y Números 9:12.*

La segunda es que el sistema legal y jurídico de la época lo llevaba a cabo el Imperio Romano, quien gobernaba el mundo conocido de dicha era. Lo cual, hace que el sacrificio del cordero pascual no fuese meramente un hecho aislado, sino que, al ser muerto bajo juicio romano como autoridad del mundo, hace que el sacrificio sea de carácter global.

Y que en este sentido se propagase la noticia de su travesía, juicio, crucifixión y muerte por todo lugar. Pues era la idea del Eterno respecto del plan de salvación que Él mismo había confeccionado.

En el ABC del creyente situado en Juan 3:16, se establece con mucha claridad el alcance del plan de salvación. El cual ha sido orquestado para que todas las etnias tengan acceso a él, y no haya una excusa respecto de esto. Pues en el Mesías todos aplicamos para obtener la salvación y la vida eterna, una vez hayamos creído y confesemos nuestros pecados delante de los hombres para testimonio.

Unos versículos maravillosos que dejan claramente establecido el alcance del plan de salvación los citamos a continuación.

> *"Pero Dios, habiendo pasado por alto los tiempos de esta ignorancia, ahora manda a todos los hombres en todo lugar, que se arrepientan;*
> *por cuanto ha establecido un día en el cual juzgará al mundo con justicia, por aquel varón a quien designó, dando fe a todos con haberle levantado de los muertos."*
>
> *Hechos 17:30-31 RV60*

En este punto podemos decir que la idea de Dios de la salvación es que todos los hombres a lo largo y ancho de este hermoso planeta que nos ha tocado vivir, puedan alcanzarla por medio del conocimiento que a través del Mesías y nosotros como sus seguidores le ha sido revelado a la humanidad.

Pues la idea del Eterno es que este mundo como lo conocemos llegará a su ocaso y antes que esto pase los llamados a hacer obra de evangelismo, en especial en los tiempos finales debemos llevar el mensaje de salvación a los lugares más recónditos de la tierra, para que se cumpla lo establecido en la bendita palabra de nuestro Adonai.

> *"Y este evangelio del reino será proclamado en toda la tierra habitada, para testimonio a las naciones, y entonces vendrá el fin."*
>
> *Mateo 24:14 BTX*

✡ La salvación como un don

La salvación consiste en la oportunidad que el Soberano Dios ha dado a la humanidad de ser librado de la muerte y la perdición eterna. Muy a pesar de haber sido desobedientes a los preceptos dictados por Él a través de las edades.

En este sentido la salvación se manifiesta como un don o regalo y por tanto inmerecido, proveniente de la Divinidad con el propósito de borrar toda condena, que por la transgresión había sido dictaminada sobre los habitantes de la tierra.

Y al hablar de este don, estamos refiriéndonos al hecho de que nuestro Elohim se despojó de su unigénito y lo envió al mundo como un ser humano común y corriente desde el punto de vista material. Pero con un espíritu de redención, capaz de despojarnos de todo yugo de esclavitud y opresión, que por generaciones ha estado en nuestras vidas, para que la gracia de Dios abunde sobre manera.

> *"Pero el don no es como la transgresión. Porque si por la transgresión de uno murieron los muchos, mucho más abundó la gracia de Dios para los muchos, y el don por la gracia de un hombre: Jesús el Mesías."*
>
> *Romanos 5:15 BTX*

Si entendemos adecuadamente que la salvación es un don dado por el Padre a través del sacrificio de su hijo. Entonces nos vemos movidos a hablar de la salvación por obras y la salvación por gracia, para así despejar cualquier duda al respecto.

✡ Salvación por obras

Este es un concepto muy acuñado por la iglesia católica y el cual a través de los años ha ido calando en diversos extractos sociales. Al punto que vemos que congregaciones de líneas protestantes han adoptado algunos elementos de esta teología desarrollada por teólogos y filósofos católicos.

De ello debemos percatarnos, para ser capaz de contrarrestar dichas enseñanzas, a la luz de las sagradas escrituras. Esta es una de las razones por las que insistimos en la preparación teológica y espiritual de los evangelistas y quienes hacen obras de evangelismo. Porque nos encontraremos un coctel de doctrinas y enseñanzas en nuestro campo de acción y tenemos que conocerlas, para de esta manera hacerles frente y que los evangelizados reciban una enseñanza limpia y sin artimañas.

> *"Porque por gracia habéis sido salvados por medio de la fe, y esto no es de vosotros, es el don de Dios. No por obras, para que nadie se gloríe."*
>
> *Efesios 2:8-9 BTX*

Este verso de las sagradas escrituras describe con mucha propiedad que no somos salvos por las obras que seamos capaces de realizar, sino más bien por medio de la fe que hemos depositado en Jesús el Mesías y el sacrificio que hizo, ofreciendo su cuerpo en servidumbre, para que seamos libres de todo nivel de atadura.

Solo de esta manera el hombre ha podido encontrar el camino para acceder a la salvación eterna. Pues si fuese por obras, muchos grandes filántropos de los tiempos de antaño y del presente serían los principales candidatos para heredar el Reino de los Cielos y no es de esa manera.

Pues si los méritos de los hombres hubiesen sido suficientes, no había necesidad de que el hijo de Dios viniese a morir por toda la humanidad. Ya que su venida a la tierra es un claro indicio de que los que estaban, los que estamos y los que estarán no somos dignos, por nuestros méritos tener acceso al Trono del Anciano de días como lo menciona el profeta Daniel en el capítulo 7, versículo 9.

✡ *Salvación por gracia*

No existe manera alguna, de que el ser humano post-Adán, tenga en su accionar diario los méritos necesarios para tener acceso por al que está sentado en el trono Sempiterno. Gobernando sobre todo el universo.

Por ello la salvación no es el resultado de las buenas acciones del hombre ante el Rey y Creador de todo lo que existe. Si no más bien es el producto que se obtiene al tener a un ser humano indefenso y que llora por su incapacidad de recuperar la relación de hijo que con el Padre se había perdido.

> *"Quien nos salvó y nos llamó con llamamiento santo, no conforme a nuestras obras, sino según su propósito y la gracia que nos fue dada en Jesús el Mesías antes de los tiempos eternos."*
>
> *2 Timoteo 1:9 BTX*

La manifestación de la gracia en las vidas de los hombres y mujeres es una muestra fehaciente de que existe la voluntad por parte del Cielo, de ayudar a su creación a tener garantizado el acceso a la vida eterna en el paraíso de Elohim.

Vida que ha sido prometida a todos aquellos que reciban por medio del Mesías, las palabras del evangelio de salvación y vida eterna. Que, a través de Jesús, sus apóstoles, discípulos y posteriormente su iglesia ha sido anunciado por todos los lugares habitables.

Por consiguiente, es importante que todo el que evangeliza comprenda el nivel de espiritualidad y de realidad objetiva que posee la salvación. Desde el punto de vista de la interacción divina y desde el punto de vista de la aceptación y asunción humana.

En este sentido tenemos que la fórmula de la salvación se muestra de la siguiente manera:

El amor del padre + *El sacrificio del hijo* = **Vida Eterna**

✡ *La regeneración*

Uno de los elementos más discordantes de los seres humanos, tocante a la era post-Adámica, es el hecho de que existía una mancha permanente enclavada en el ADN de los seres humanos por múltiples generaciones.

En este sentido, este es un elemento para tomar en cuenta dentro del plan que sería orquestado por la divinidad. Ya que el primer paso dentro de dicho plan es representado por el cambio de esa naturaleza caída, que se fundamenta en la esclavitud que por el pecado había sido ocasionada.

"Porque si hemos llegado a ser injertados en la semejanza de su muerte, también lo seremos en la de la resurrección;
sabiendo esto: que nuestro viejo hombre fue crucificado juntamente con Él, a fin de que el cuerpo del pecado fuera desactivado para no servir más al pecado."

Romanos 6:5-6 BTX

La crucifixión del Mesías es el hecho a través del cual se le da muerte a toda naturaleza de pecado, para que ya no siga gobernando sobre las vidas de los moradores de la tierra.

✡ Enunciados de la salvación

- ► La salvación no se gana, es un regalo.
- ► La salvación no se obtiene, te la entregaron.
- ► La salvación no es un invento, es una verdad práctica.
- ► La salvación es un producto, no un residuo.
- ► La salvación es un resultado, no una diferencia.
- ► La salvación no es relativa, es absoluta.
- ► La salvación no es una carga, es Vida Eterna.
- ► La salvación no es una hipótesis, es una realidad.
- ► La salvación no es un experimento, es una verdad demostrable.
- ► La salvación no es una enfermedad, es una cura.

REFLEXIONEMOS

El apóstol Pablo en su carta a los Filipenses les dice "Cuiden su salvación con temor y temblor". Esto quiere decir que si hemos alcanzado la salvación y procuramos que ella permanezca en nosotros, dando día tras día ejemplo de que la hemos recibido, nos será más fácil poder transmitir este poderoso mensaje a quienes aún no la han recibido.

GUÍA DIDÁCTICA

1. ¿Qué es el Pecado?
2. ¿Cuándo y dónde inicia el plan de salvación?
3. ¿El plan de salvación es inclusivo o exclusivo para los gentiles? Y ¿Por qué?
4. ¿Según Romanos 11, cual es la razón por la que la salvación llegó a los gentiles?
5. ¿Qué título le da Juan el Bautista a Jesús el Mesías?
6. Describa con sus palabras ¿Cuál fue el precio de la salvación?
7. ¿En qué momento pudiéramos decir que el Mesías se encontraba sintiendo el peso del pecado de toda la humanidad?
8. ¿Cuáles connotaciones nos indican que la salvación es de carácter global?
9. ¿Cuál es el significado de salvación como un don?
10. Según la descripción dada ¿Cómo pusiéramos definir la regeneración?

SECCIÓN 5

CAPÍTULO 14

ENTENDIENDO LOS TIEMPOS

"Este bellísimo sistema compuesto por el sol, los planetas, y los cometas no pudo menos que haber sido creado por consejo y dominio de un ente poderoso e inteligente. El Dios Supremo es un ser eterno, infinito, absolutamente perfecto".

— Isaac Newton

Todo hombre y mujer que milita en las áreas ministeriales del cuerpo del Mashiaj, necesita estar bien informado del momento en el que se encuentra viviendo su generación. En cuanto a los acontecimientos sociopolíticos, económicos, culturales, y por supuesto, bíblico contextual.

"Entonces los entendidos resplandecerán como el resplandor del firmamento, y los que enseñan la justicia a la multitud, como las estrellas a perpetua eternidad."

Daniel 12:3 BTX

En este sentido, el ministro de Hashem tendrá una cosmovisión clara de que tan cerca se encuentra su generación del propósito divino en todo el sentido de la palabra. Pues los tiempos son como centinelas que nos van avisando de los peligros o bondades que acontecen a nuestro alrededor.

> *"Entonces Jesús se dirigió a la multitud y dijo: «Cuando ustedes ven que se forman nubes en el occidente, dicen: "Viene la lluvia". Y tienen razón. Cuando sopla viento del sur, dicen: "Hoy será un día de mucho calor". Y así sucede. ¡Necios! Saben interpretar las señales del clima en la tierra y en los Cielos, pero no saben interpretar los tiempos presentes.»"*
>
> Lucas 12:54-56 NTV

Estos versículos bíblicos describen en gran medida el nivel de ceguera espiritual que tenían muchos de los del pueblo de Israel en la época de nuestro Maestro. Por esta razón los reprende tan duramente tocante a este asunto, ya que una de las razones de ser de las sagradas escrituras, es indicarnos en qué momento de la historia nos encontramos.

Referente a Jesús, en la mayoría de ellos se daba una de las siguientes situaciones:

▶ No lo reconocían como mesías.

▶ Pensaban que el mesías los libertaría del Imperio Romano y establecería su reino en la tierra.

▶ Su interpretación de las escrituras no los llevaba hasta un Mesías con su tipología.

✡ *Hashem el cronómetro del tiempo*

Es importante que sepamos, que todo cuanto ocurre en el mundo en el que habitamos, tiene un espacio de tiempo en el que debe acontecer. Por tanto, está finamente cronometrado para que comprendamos que las cosas no ocurren al azar, sino que son una consecución de eventos bien definidos, por el propósito de Dios en nuestras vidas.

> *"Todo tiene su tiempo, y todo lo que se quiere debajo de los Cielos tiene su hora."*
>
> Eclesiastés 3:1 BTX

En ese sentido, todo lo que acontece debajo del sol tiene un modelo y es regido por parámetros previamente establecidos por el Arquitecto y Artífice del universo. Ya que ha ideado el tiempo para que tengamos una manera de medir los momentos del día, de la noche y por tanto de las estaciones en las que se dividen los años.

> *"Él muda los tiempos y las edades. Él quita los reyes y establece los reyes. Él da la sabiduría a los sabios, Y ciencia a los inteligentes."*
> *Daniel 2:21 BTX*

Conocer que el tiempo no es si no fuese por aquel que es el todo y en todo. Nos ayudará en la difícil, pero importante tarea de comprender las épocas del pasado, las que estamos viviendo y las que viviremos más adelante.

Es importante que quien haga obra de evangelismo conozca los tiempos por las siguientes razones:

- ▶ Su mente estará ávida para recibir las instrucciones del Eterno.
- ▶ Su preparación espiritual irá en consonancia con las necesidades de la época.
- ▶ Su formación académica será vinculante de su accionar ministerial.
- ▶ Su mensaje irá focalizado a las necesidades espirituales y a las demandas socioculturales.
- ▶ Su permanencia en el accionar ministerial será prolongado en el tiempo.

✡ *Sabiduría y entendimiento*

Una de las razones más preponderantes para entender el surgimiento y permanencia de todas las cosas que giran a nuestro alrededor, tiene que ver de manera directa con la sabiduría que el Padre Eterno en su sola potestad nos ha concedido. Como sus representantes en este hermoso planeta, en el que nos ha dado para habitar.

> *"La sabiduría es lo primero. ¡Adquiere sabiduría! Por sobre todas las cosas, adquiere discernimiento."*
> *Proverbios 4:7 NVI*

Que importante es que los siervos del Adonai, en todas las épocas de la humanidad, estén bien orientados de la misión que les ha sido encomendada. Por esta razón, el conocimiento que viene por medio de la revelación de las sagradas escrituras es fundamental, para ser atinados a la hora de comprender la materialización de los eventos que acontecen a nuestro alrededor.

De igual forma, debemos tener la capacidad de discernir aquellos momentos o temporadas en las que estaremos en lo adelante, de esta manera seremos capaces de adelantarnos a los acontecimientos. Lo cual nos ayudará a tener, una línea de difusión del evangelio muy bien definida y acorde a la diversidad de las circunstancias. De esta manera, el mensaje de salvación estará bien focalizado, teniendo así un mayor efecto en los no conversos y por ende una cosecha mucho más abundante.

En definitiva, se hace necesario que quienes hacen obra de evangelismo estén adiestrados en las ciencias, las artes, los estudios de los fenómenos naturales. Así como también, dotados de dones y talentos cuyo objetivo sea revelar lo oculto de Dios en el tiempo, y así guiar a los creyentes en busca de las almas que se pierden, con las estrategias y metodologías en consonancia con la época.

Por esta razón un líder de evangelismo, un pastor, u organización de alcance de vidas para Jesucristo, debe tener personas preparadas y capacitadas, así como los hijos de Isacar, para discernir los tiempos. Entendiendo por demás la misión que debe ser cumplida en nuestra estadía terrenal, guiando a los demás hermanos por el sendero del conocimiento y sabiduría previamente mencionado.

"De los hijos de Isacar: doscientos principales, duchos en discernir los tiempos, y que sabían lo que Israel debía hacer, cuyo dicho seguían todos sus hermanos."

1 Crónicas 12:32 BTX

REFLEXIONEMOS

El éxito se mide, por el arduo trabajo que es capaz de llevar a cabo una persona. Pero esto sería en vano o al menos tendría muy poco efecto si dicho trabajo no está bien focalizado en tiempo y espacio. Por ello quienes sean capaces de adelantarse a los tiempos serán capaces de tener éxito. En el evangelismo o cualquier otra área ministerial no es diferente, especialmente cuando en nuestra ardua labor tenemos un reloj que no se detiene de contar.

GUÍA DIDÁCTICA

1. *¿Cuál es la importancia de conocer el tiempo o generación en la que nos encontramos viviendo?*
2. *¿Cómo podemos definir el tiempo?*
3. *Tocante al tiempo, ¿Cuál pudiera ser una de las razones de ser de la Biblia?*
4. *¿Por qué lo que ocurre en la tierra no es producto del azar?*
5. *Mencione tres razones por las que quien hace obra de evangelismo debe conocer los tiempos.*
6. *¿En qué nos ayuda el discernimiento de los momentos o temporadas en la que estamos o estaremos?*
7. *¿De qué depende que el mensaje de salvación esté bien focalizado?*

CAPÍTULO 15

LA MINISTRACIÓN

"La operatividad de los dones del Espíritu, son una clara evidencia de la autoridad que nos ha sido delegada, para exhibir la grandeza y el poder del que nos llamó."

—*F. Romero*

La ministración, se define como el espacio de tiempo en el que el Padre Celestial, empleando los dones y capacidades del ministro o evangelista en este caso, habla a personas específicas y a los presentes en sentido general. De manera que se crea un vínculo o conexión, los cuales pueden ser efímeros o permanentes, de acuerdo con el propósito de la provisión que el Eterno depositó al momento de tratar con los asistentes.

Es un momento muy especial, en el que las vidas luego de una base fuerte de la palabra disertada reciben el impacto del Padre por medio del Espíritu Santo que ha sido depositado sobre su Iglesia. Con la finalidad de guiarla y conducirla por el sendero de la luz durante el tiempo de peregrinación en la tierra.

"Cada uno según el don que recibió, minístrelo a los otros, como buenos administradores de la multiforme gracia de Dios."

1 Pedro 4:10 BTX

Es importante, que en los cultos y eventos de tipo evangelísticos, se tenga presente el valor que como pilar representa la ministración. Ya que, por medio de ella, el llamado de Dios a los no conversos tiende a manifestarse con mayor fuerza. Es por ello que la ministración se concibe como un momento neurálgico, el cual antecede o en el que se da con regularidad la recogida de los frutos.

El buen manejo de este espacio, independientemente del tipo de evangelismo que se esté realizando, será siempre un momento inolvidable para aquellos a quienes el Espíritu Santo haya decidido bendecir.

Por esta razón, es imprescindible que los ministros que dirigen este momento especial sepan que cada detalle cuenta y por tanto se debe cuidar la forma en la que se dirige dicha manifestación del espíritu a los presentes.

Existen varios aspectos importantes que se deben tomar en cuenta a la hora de la ministración:

✡ Sensibilidad al Espíritu Santo

Esta es una de las características que debe tener el ministro que está dirigiendo la ministración. Ya que esa sensibilidad al Espíritu Santo, le permitirá por medio del don de discernimiento de espíritus, conocer la condición espiritual del lugar en el que se lleva a cabo el evento.

De igual forma, el predicador tendrá la capacidad de anteponer la revelación y operación del Espíritu Santo, a los deseos, lineamientos y sabiduría propios. Para que en este sentido el poder del Eterno tenga completa libertad para operar.

> *"y mi palabra y mi predicación no fueron con palabras persuasivas de sabiduría, sino con demostración del poder del Espíritu, para que vuestra fe no esté en sabiduría de hombres, sino en el poder de Dios."*
>
> *1 Corintios. 2:4-5 BTX*

✡ Conocer la necesidad espiritual del conglomerado

La ministración en sentido macro tiende a tener elementos comunes, independientemente del área ministerial de la que se trate. Sin embargo, no es lo mismo ministrarles a los hermanos de las congregaciones, que a personas que aún, teniendo un llamado al arrepentimiento no han decidido dar el paso.

En este sentido, en los eventos evangelísticos la ministración se torna muy especial y por tanto el evangelista como ministro, debe conocer cuáles son esas necesidades latentes en el lugar en el que se encuentra. Ya que de esta manera será capaz de alinear su propósito al de nuestro amado Mesías.

Para de esta manera operar en las áreas y en el sentido que son demandados por las circunstancias presentes. Es ahí cuando se entiende que existe una verdadera comunión entre el propósito del Eterno y el del ministro Evangelista.

En las actividades y eventos de corte evangelísticos nos vamos a encontrar con diversas situaciones, que requerirán de nuestra atención:

- ▶ Enfermedades
- ▶ OpresionesOpresión demoníacas
- ▶ Ataduras espirituales
- ▶ Vicios y prácticas pecaminosas
- ▶ Influencia de espíritus generacionales

✡ Imposición de manos

Podemos definir la imposición de manos como la facultad que El Olam emplea por medio de sus ministros, para traer una impartición de poder, conforme al mover del momento y al propósito que ha sido determinado sobre los ministrados.

En ocasiones esto se puede manifestar como un derramamiento de poder sobre natural, en la que suele haber bautismo por parte del Espíritu Santo, renovación y afianzamiento espiritual. Preparando en tal sentido a los receptores para ser más efectivos en la obra del Ministerio.

> *"El Espíritu Santo todavía no había venido sobre ninguno de ellos porque sólo habían sido bautizados en el nombre del Señor Jesús. Entonces Pedro y Juan impusieron sus manos sobre esos creyentes, y recibieron el Espíritu Santo."*
>
> *Hechos 8:16-17NTV*

Es muy importante comprender que, a través de la imposición de las manos, el Espíritu Santo activará o dará dones a los ministrados. Lo cual significa que esos creyentes han recibido capacidades que antes no poseían, para emplearlas en el Reino de Dios conforme al propósito de su llamado.

> *"Después, cuando Pablo les impuso las manos, el Espíritu Santo descendió sobre ellos, y hablaron en otras lenguas y profetizaron."*
> *Hechos 19:4-6 NTV*

En este caso de manera muy particular, el apóstol Pablo tenía la competencia para imponer las manos. Lo cual implica, que a quienes por dirección del Espíritu Santo les colocaba las manos, recibían sanidades, milagros y dones del mismo Espíritu.

✡ *Transferencia de espíritu: consérvese puro*

Aquellos que ejercen alguna función en cualquiera de las áreas ministeriales, deben tomar en cuenta que no militan bajo sus propios conceptos, sino bajo los establecido por el Eterno de las naciones, y por tanto no se hace lo que se quiere y cuando se quiere.

En este sentido la ministración a los hermanos y amigos en un evento no es la excepción a la regla, muy especialmente cuando se trata de una actividad evangelística y por demás en un lugar que nosotros no conocemos.

Esto porque cada acción que ejecutemos debe ser dirigida por el Espíritu Santo que nos proporcionó el don para administrarlo. Así que, imponer las manos, ministrar a una persona determinada deberá ser siempre una acción dirigida por quien nos ha llamado y nos ha dado esa capacidad para operar en su reino.

> *"No impongas las manos con ligereza ni te hagas partícipe de pecados ajenos; consérvate puro."*
> *Timoteo 5:22 BTX*

El consejo dado por el Apóstol Pablo a Timoteo es bastante claro, en el Señor las cosas no se hacen a la ligera. Porque si lo hacemos sin su anuencia, no estamos bajo autoridad y por tanto el reino de las tinieblas puede accionar libremente en nuestra contra.

Una forma de hacerlo es que los espíritus satánicos que están en una persona a la que le ministremos sin la autorización de Elohim, pueden arremeter en nuestra contra, y en el peor de los casos pueden llegar a entrar en el ministro que está actuando sin cobertura.

✡ *El ministro como instrumento del Eterno*

Es importante acotar que todo ministro es un servidor que se debe a quien lo llamó. Por consiguiente, en sus maravillosas manos somos un instrumento de mucho valor, capaz de lograr proezas que solo por medio de su guianza es posible conseguir.

> *"Si alguno habla, hable conforme a las palabras de Dios; si alguna ministra, ministre conforme al poder que Dios da, para que en todo sea Dios glorificado por Jesucristo, a quien pertenecen la gloria y el imperio por los siglos de los siglos. Amén."*
>
> *1 Pedro 4:11 RV60*

Que interesantes puntos destaca el apóstol Pedro en su primera epístola. En primer lugar, nos instruye que como ministros debemos hablar conforme a la palabra de Dios; es decir conforme a las revelaciones que él nos da, a través de lo expresado en las sagradas escrituras, las cuales representan la palabra profética y por tanto la más segura, ya que no vienen por voluntad humana sino por la guianza de nuestro Dios, en la persona del Espíritu Santo.

También debemos hablar por las palabras reveladas a través de los dones que vienen dados para estos fines. En dicho caso estaríamos hablando las palabras instruidas por el Espíritu Santo que opera en nosotros, hacia personas en específico. Esto los conocemos como Rhema.

En segundo lugar, el apóstol dice que debemos "ministrar conforme a la virtud del poder que Dios nos ha dado". Esto tiene una importancia cardinal, pues establece parámetro para poder ejercer en el ministerio, indicando que no nos extralimitemos del poder que hemos recibido.

Sería un grave error creer que podemos entrar en un área espiritual para la cual no estamos preparados. Esto puede acarrear terribles consecuencias en el ámbito espiritual, en la salud física, mental y emocional del ministro. El mundo espiritual es muy delicado y debemos manejarnos con mesura y prudencia para ser exitosos en él.

En tercer lugar, Pedro o Kefas nos dice, que todo lo que hagamos debe ser con la idea de glorificar a Dios. Es muy importante que el ministro no se tome atribuciones de gloria o de honra que no son suyas, sino que por el contrario exalte al Eterno en todo lo que haga en nosotros y a través de nosotros. Ya que lo que somos y lo que tenemos le pertenece a Él, pues como ministros somos el medio que Adonai emplea para llegar a los demás.

> *"No es que seamos suficientes por nosotros mismos para pensar algo como de nosotros mismos, sino que nuestra suficiencia proviene de Dios;*
> *el cual asimismo nos hizo ministros competentes de un nuevo pacto, no de la letra, sino del Espíritu; porque la letra mata, pero el Espíritu vivifica."*
>
> *2 corintios 2:5-6 BTX*

✡ *Permitirle a Dios operar*

Es importante que a la hora de ministrar tengamos en cuenta que hay una parte que nos corresponde como representantes de Elohim, pero hay otra parte que le corresponde a Él. Por tal razón tenemos que ser cautelosos en cumplir con nuestra responsabilidad, lo cual implica no entrar al terreno de quien nos llamó.

Uno de mis mentores en evangelismo me instruyó diciendo:

"Cuando en medio de una ministración de un evento evangelístico o de otro tipo una persona cae al suelo por medio delel Espíritu Santo, debemos dejar que quien inicio el trabajo lo termine"

Este es un consejo de un muy viejo evangelista quien ya no está con nosotros, cuyo nombre era Máximo Tibrey. Su consejo se fundamentaba en el hecho de que, si por el Espíritu Santo la persona cae al suelo y queda en éxtasis durante un tiempo,momento es porque él Espíritu tiene un propósito y solo él debe tratarlo en dicho momento y no debemos interferir.

Al menos que notemos alguna condición especial, que requiera de nuestra atención, como:

▸ La postura en la que cayó

▸ Si está expulsando fluidos por la boca o nariz

▶ Si está convulsionando violentamente

▶ Si existe alguna condición de salud, previamente conocida y por la que debamos intervenir.

REFLEXIONEMOS

La ministración, conjuga el deseo del Eterno en hablar y bendecir a los asistentes a un evento, empleando los dones y capacidades de los cuales ha dotado a sus ministros, para que la efectividad y poder del evangelio sea manifestado en su máxima expresión. Pero en gran medida, la misma estará supeditada al buen o mal manejo que podamos ser capaces de hacer quienes ministramos su palabra.

GUÍA DIDÁCTICA

1. *¿Cuál es la finalidad principal de la ministración?*
2. *¿Según 1 Pedro 4:10, como se debe ministrar?*
3. *¿Por qué la ministración es esencial en los eventos evangelísticos?*
4. *¿A través de qué capacidad, podemos discernir la condición espiritual de los asistentes a un evento?*
5. *¿Qué beneficio le proporciona al evangelista, conocer las necesidades espirituales del lugar en el que está ministrando?*
6. *Cite tres de las situaciones más comunes que se ven en los eventos evangelísticos.*
7. *¿Según lo descrito, cual es el propósito de la imposición de manos?*
8. *¿Cuál es la recomendación de la imposición de manos, dadas en 1 Timoteo 5:22? Explique.*
9. *¿Cuál es la consecuencia de imponer la mano sin cobertura?*
10. *¿Conforme a lo citado en 1 Pedro 4:11 cual debe ser la finalidad de todo ministro?*

CAPÍTULO 16

MANIFESTACIONES DEMONÍCAS

"Quien nos rescató de la potestad de las tinieblas, y nos trasladó al reino del Hijo de su amor, en quien tenemos la redención, el perdón de los pecados"

— Colosenses 1:13

El ministerio de liberación, es una de las facetas que se hacen evidentes por medio de Jesús el Mesías. Su ministerio tiene un fundamental apoyo en la liberación demoníaca de su pueblo; ya que como sabemos el mundo está bajo el maligno y por tanto sus tentáculos logran llegar a todos aquellos que en alguna medida le hayan dado apertura.

Su misión principal como enviado y libertador, es la de traer esperanza en medio del sequedal y libertad en medio de la opresión, para que sus seguidores no continúen bajo el yugo de esclavitud, que como consecuencia del pecado ha sido oprimida la humanidad.

"El Espíritu de Adonay YHVH está sobre mí, porque YHVH me ha ungido. Me ha enviado a predicar buenas nuevas a los abatidos, A vendar los corazones desgarrados, A proclamar libertad a los cautivos Y a los presos apertura de la cárcel."

Isaías 61:1 BTX

Es interesante que podamos comprender el nivel de importancia que el Maestro le imprimió al ministerio de liberación. El cual debemos tener muy claro debe ser el último recurso a emplear, pues el primero debe ser la sanidad interior o sanidad del alma, previendo de esta manera que la persona llegue al estado de la posesión.

Pero si llega a este estado y de manera definitiva tenemos que recurrir a los métodos de liberación en base a la provisión recibida, debemos pues hacerlo como dignos representantes del Reino de los Cielos.

A continuación, mostramos unos versos que merecen nuestra atención:

"Más tarde, cuando Jesús quedó a solas en la casa con sus discípulos, ellos le preguntaron: —¿Por qué nosotros no pudimos expulsar ese espíritu maligno?
Jesús contestó: —Esa clase sólo puede ser expulsada con oración."
Marcos 9:28-29 NTV

Que interesante historia de liberación la que nos cuenta el evangelista Marcos, la cual veremos en detalle más adelante; en esta ocasión nos abocaremos a los citados versículos *28* y *29*, en el que los discípulos le cuestionan a su líder, porqué ellos no pudieron echar fuera el demonio.

La respuesta no se hizo esperar de labios del Mesías, quien les respondió: *"que el género para expulsar demonios solo se adquiere con oración"*.

La oración cumple con la tarea de fortalecer nuestro hombre interior (nuestro ser espiritual), y conectarnos con el Padre. Desarrollando en nosotros los dones recibidos y por tanto dotándonos del poder y la autoridad necesaria, para responder con eficiencia ante las fuerzas del mal.

✡ *Echar fuera demonios: manifestaciones demoníacas*

Es importante saber que nosotros no tenemos el poder para echar fueras demonios. Pues en el sentido espiritual, estos poseen un mayor poder que el que por naturaleza tenemos.

A pesar de, esto cambia de manera radical cuando contamos con el poder del Adón en nuestras vidas, quien como establece la palabra nos da las fuerzas para vencer en todo tipo de batalla espiritual.

Por otra parte, de manera recurrente empleamos el termino reprender demonios, usando frases como *"Te reprendo en el nombre de Jesús"*. La palabra reprender en esta área no es la correcta, debido a que la misma conforme al diccionario de la real academia de la lengua española tiene un significado que dista mucho de lo que queremos decir y hacer en un momento como el mencionado.

"Del lat. *reprehendĕre*, de re- 're-' y *prehendĕre* 'coger'. tr. *Corregir, amonestar a alguien vituperando o desaprobando lo que ha dicho o hecho*".

En tal sentido nadie amonesta a un espíritu de las tinieblas o a un demonio como comúnmente los conocemos. Sino que, al momento de haber una manifestación, el ministro acorde al evento que se produzca le expulsa, con la autoridad que del Eterno ha recibido, para tales fines.

¿Cuáles serían entonces las palabras correctas para expulsar un demonio?

Las palabras correctas en la expulsión de un espíritu de las tinieblas deben ser: "sal de él o ella y no vuelvas a entrar en el nombre de Jesús" "Te ordeno u ordenamos que salgas de ese cuerpo en el nombre de Jesús" "Abandona ese cuerpo por el poder de Jesucristo". Siempre aludiendo a que abandone el cuerpo en el cual está, con la autoridad que por medio de Yeshúa hemos recibido.

Recuerde, nunca aludiendo a nuestro poder y capacidad si no al poder que en el Mashiaj nos ha sido delegado. Para que, de esta manera, el Reino de los Cielos se haga evidente en lo que como ministros de su pueblo realicemos.

Para fundamentar lo que estamos diciendo, podemos citar los siguientes casos que se registran en las sagradas escrituras:

Un hombre con un espíritu inmundo

"Y Jesús le ordenó, diciendo: ¡Enmudece, y sal de él! Y arrojándolo en medio, el demonio salió de él sin estropearlo."

Lucas 4:35 BTX

Es importante que veamos la técnica que se empleó, pues, aunque parece sencilla, está muy bien estructurada y nos ayudará bastante en este tipo de caso. En tal sentido el Maestro ordena al espíritu a enmudecer, casi siempre el hacía esto porque estaban revelando que él era el mesías y en ese momento no quería que se revele su identidad.

De igual forma es importante que no dejemos hablar mucho a un demonio, ya que son bastante hábiles y suelen traer confusión. Además, es una buena señal cuando lo mandamos a callar y lo hace, lo cual no implica que al momento de ordenarle que salga se resista.

Jesús y el sordo mudo

> *"Jesús entonces, viendo que la multitud se agolpaba rápidamente, reprendió al espíritu inmundo, diciéndole: Espíritu mudo y sordo, Yo te mando: ¡Sal de él y no entres más en él!*
> *Y después de gritar y convulsionarlo mucho, salió. Y quedó como muerto, de tal modo que los más decían: Está muerto.*
> *Pero Jesús, tomándolo de la mano, lo levantó; y él se puso en pie."*
> *Marcos 9:25-27 BTX*

Este es uno de los momentos de liberación demoníaca que más detalles nos brinda. En primera instancia los versículos *23* y *24* el Maestro trabaja con la causa del problema que es: la incredulidad del padre del poseído.

Una vez trabaja esta área en el padre que es la que le ha otorgado la autoridad al espíritu inmundo para estar en el joven, entonces nuestro Mesías expulsa el demonio. Notemos que el texto usa la palabra reprendió (lo cual no significa que debemos usar esa palabra en específico). Sin embargo, más adelante utiliza las palabras específicas para que el demonio salga del cuerpo.

Empleando dentro de ellas el nombre del espíritu inmundo (sordo mudo), pues la mejor y más fácil manera y en algunos casos la única, es llamar el ente del mal por su nombre para que abandone la vida.

Por otra parte, al espíritu salir del cuerpo como era un demonio bastante violento y tenía un amplio arraigo en él (estaba desde la niñez), el joven convulsiona una vez más y queda como muerto. Tanto por el maltrato propiciado a su cuerpo y especialmente por estar en una condición de libertad, en la que posiblemente ni siquiera recuerde haber estado a lo largo de su vida.

Por lo que dice el propio texto en los versos *21* y *24* este espíritu inmundo es de tipo generacional. Como había una falta de creencia del progenitor del joven este espíritu gobernaba la vida de esta persona desde su niñez, lo que implícitamente está diciendo que no nació con la condición y por eso Jesús se da cuenta que era un mal que había sido provocado o permitido por la autoridad familiar y confronta al padre de manera directa por este asunto.

Por ello los discípulos no pudieron expulsarlo, porque no fueron a la fuente de la posesión. Y esto es muy importante a la hora de trabajar en estas áreas; tenemos que ir a la fuente para identificar la puerta que se abrió y que facilitó la entrada al espíritu. Porque aun expulsando el demonio, si la fuente no se identifica y se cierra esa puerta, el espíritu regresará en peor proporción a la vida de la persona.

Jesús y el gadareno

"Al ver a Jesús, cayó ante Él dando alaridos, y con gran voz, dijo: ¿Qué tienes que ver conmigo, Jesús, Hijo del Dios Altísimo? Te ruego, ¡no me atormentes!
Pues mandaba al espíritu inmundo salir del hombre...
Jesús le preguntó: ¿Cómo te llamas? Y él dijo: Legión (porque habían entrado muchos demonios en él).
Y le rogaban que no les mandara ir al abismo.
Y había allí una piara de muchos cerdos paciendo en el monte; y le rogaron que los dejara entrar en ellos; y los dejó."

Lucas 8:28-31 BTX

En el caso del gadareno, como lo menciona el evangelista Marcos, tenemos una condición especial en la que el Mesías le permite al espíritu inmundo hablar. Esto se da por las siguientes razones:

1. El espíritu inmundo reconoce la autoridad de Jesús desde que llega al lugar.
2. El Mesías decide preguntar por su nombre, ya que esto beneficiaría a toda la comunidad.
3. El espíritu le dice al Maestro que no lo saque de aquella región, porque los de Gadara les habían entregado la autoridad para estar ahí.
4. Le pide que les envíen a los cerdos, porque estos eran para sacrificarlo a la entidad territorial a la que respondían los más de *2000* demonios en el cuerpo del hombre.

✡ *Distracciones en eventos*

En repetidas ocasiones, los espíritus demoníacos suelen manifestarse durante el desarrollo de un evento, ya sea al principio o mientras se va desarrollando el servicio. Con la finalidad de crear distracción en la actividad, tanto al público en general como a quien está exponiendo el mensaje.

En tal caso se deben tomar algunas acciones que de cierta manera neutralicen la manifestación, y que a la vez el mensaje continúe su rumbo sin que se pierda el hilo del mismo, hasta que llegue el momento de la ministración, donde si se podría tomar acción directa sobre la manifestación.

Es importante tomar en cuenta que:

▶ El predicador no debe detener su mensaje, pues este es el propósito del espíritu inmundo.

▶ Un equipo de ujieres o servidores comisionados deben tomar acción en el momento del evento.

▶ El predicador debe potenciar su mensaje para captar la atención de los presentes y que la distracción sea cosa del pasado.

A continuación, detallaremos algunos casos en los que se producen manifestaciones demoníacas y hacemos las sugerencias que entendemos son más atinadas para el momento.

Caso #1. Un espíritu se manifiesta y la persona en quien lo hace convulsiona de diversas maneras.

Lo primero es que debemos averiguar con alguien autorizado quien es la persona bajo la posesión. Si es un creyente, podemos guiados por el Espíritu aplicar liberación.

Si no es creyente, a menos que tengamos una instrucción clara de nuestro Dios, sugiero no aplicar la liberación porque sería como desatar una cacería de brujas en su contra. Lo correcto sería con la autoridad que se le ha delegado, decirle al espíritu que enmudezca y hablar directamente con la persona.

Hacerle el llamado a la conversión y si lo hace de manera sincera y así somos guiados, aplicar liberación expulsando el espíritu demoníaco.

Caso #2. Un espíritu se manifiesta en medio de la exposición de la palabra del Eterno.

En tal caso el expositor de la palabra debe buscar la manera de que la situación se maneje, sin dejar de exponer el mensaje que está disertando.se diserta. Pues a resumidas cuentas la manifestación es una oposición a las palabras que están siendo dadas. Por ello se podrá actuar de la siguiente manera:

1. Si es muy cercano al altar, se puede de manera discreta decir unas palabras al poseído, ordenándole quietud y de ser necesario que tome asiento.

2. Si es en la parte intermedia o trasera del lugar del evento, y el ministro tiene confianza en el lugar en que está, dar indicaciones al personal capacitado y designado, para contener sabia y cuidadosamente la manifestación.

3. Si está en un evento al aire libre, debe evitar por todos los medios dirigirse a donde está el poseído (a), eso le puede quitar el protagonismo a la palabra de Dios.

4. Si tiene por obligación que moverse a donde está el poseído (a), hágalo rápido y con la menor distracción posible.

5. Si la congregación no tiene equipo designado para estos fines, evalúe si los líderes principales pueden actuar, de lo contrario dirija unas palabras de autoridad para que el espíritu se sujete durante la predicación.

Estos son algunos consejos de buenas prácticas en este tipo de situaciones, por lo que siempre debemos dejarnos dirigir por el Espíritu Santo, quien nos dará la mejor estrategia a emplear. Pero lo que no es negociable es que el mensaje se detenga, pues de hacerlo los entes del mal habrán triunfado.

Todos los evangelistas atravesamos por estos momentos de manifestaciones e irreverencias, por lo que es importante estar centrado en el mensaje. ¡Si nuestro adversario habla alto hablemos más alto para que él no sea escuchado y nosotros si lo seamos!

REFLEXIONEMOS

Es importante que como hijos de Dios nos cuidemos del sensacionalismo que en ocasiones se ve en el área de liberación y expulsión de demonios. Muchas veces vemos en la televisión y las redes sociales eventos vergonzosos de expulsión de espíritus de las tinieblas. Ante esto deberíamos preguntarnos ¿Nos gustaría a nosotros ser expuestos de esa manera o que expongan a alguien cercano a nosotros? Muchas veces vemos personas arrastrándose en el piso, mostrando sus ropas interiores, en posturas y condiciones para nada edificante.

Lo que no nos edifica rechacémoslo y recordemos que nosotros no somos exorcistas, ni exhibidores, sino enviados a libertar a los cautivos. Pues no es con nuestra fuerza y poder que los demonios salen, es con el poder del que nos llamó de las tinieblas a la luz admirable.

GUÍA DIDÁCTICA

1. ¿Quién nos reveló el ministerio de liberación?
2. ¿Qué es una manifestación demoníaca?
3. ¿Tenemos nosotros el poder de expulsar un demonio con nuestras fuerzas? Explique
4. ¿Es correcto usar la palabra reprender o te reprendo para expulsar un demonio? Justifique su respuesta.
5. Cite un ejemplo de liberación por parte de Jesús y de su opinión al respecto.
6. ¿Cuál es la mejor manera de tratar con una manifestación demoníaca en medio de un servicio?

CAPÍTULO 17

SEÑALES Y MILAGROS

"Si admitimos a Dios, ¿debemos admitir los milagros? De hecho, no tienes forma de negarlos. Vienen en conjunto".

— C. S. Lewis

Si algo caracteriza al ministerio evangelístico los son las señales y los milagros. Lo cual a su vez conlleva una responsabilidad y una carga espiritual que no todos serán capaces de llevar sobre sus hombros.

"Miren, les he dado autoridad sobre todos los poderes del enemigo; pueden caminar entre serpientes y escorpiones y aplastarlos. Nada les hará daño.
Pero no se alegren de que los espíritus malignos los obedezcan; alégrense porque sus nombres están escritos en el Cielo."

Lucas 10:19-20 NTV

Observando detenidamente estos versículos bíblicos, podemos palpar el nivel de autoridad que el Padre nos ha delegado, para llevar a cabo su obra emancipadora.

No obstante, lo que dice el versículo veinte es una de las lecciones más importante que debe aprender todo cristiano, especialmente el que milita en las áreas de evangelismo. Aunque las señales y milagros son muy importantes, el mejor y mayor galardón que podemos recibir es estar con nuestro Adonai al final de los tiempos.

Muchos pueden caer en el error, como ha ocurrido en el pasado, de creer más en las manifestaciones milagrosas que, en cumplir con la encomienda de llevar salvación a los perdidos a través de la compasión y por medio de la exposición de la palabra de libertad que somos capaces de expresar.

✡ *Provisión del evangelista*

Es importante destacar que cumplir con el llamado de proclamar las palabras de salvación y vida eterna, no es una tarea fácil; De ser así cualquier persona pudiera hacerlo sin el más mínimo esfuerzo.

Sin embargo, la realidad es que se necesita de un conjunto de elementos, que son importantes destacar.

- ► El llamado a llevar las buenas nuevas
- ► La disposición para cargar con esta responsabilidad
- ► La preparación escritural requerida
- ► La preparación y provisión espiritual del ministerio
- ► La unción y cobertura de los líderes correspondientes
- ► La determinación para cumplir con la misión en todo momento y lugar.

La idea es abarcar todos los aspectos de importancia, que se deben tomar en cuenta para ejercer un ministerio evangelístico lo más eficazmente posible. Esto significa que algunos de los detalles citados con anterioridad serán alcanzados en el trayecto del ejercicio ministerial.

Es importante tomar en cuenta que, el llamado, la preparación en la palabra y la provisión ministerial, así como la unción y cobertura del liderazgo no son negociables, para tener éxito en este camino.

✡ *Exhibición de poder y milagros*

Al mencionar exhibición de poder y milagros, es importante comprender que, no es que vamos a actuar de manera ligera y bajo nuestra guianza. Lo que busco decir es que a través del evangelismo somos capaces de mostrar el poder y la manifestación milagrosa que proviene del Padre Eterno. Con el propósito de exaltar su nombre y de bendecir las vidas que él haya escogido para que así sea.

> *"Testificandotestificando Dios juntamente con ellos mediante señales y prodigios, y diversos milagros y repartimientos del Espíritu Santo, conforme a su propia voluntad."*
>
> *Hebreos 2:4 BTX*

La idea del evangelismo es que los evangelizadores podamos mostrar, las bondades de El Olam a través de prodigios y señales milagrosas, que por medio del Espíritu Santo y su voluntad, operan como resultado de la elección y el llamado que reposa sobre sus hijos.

> *"Mientras extiendes la mano para que haya sanidades y señales milagrosas, y prodigios mediante el nombre de tu santo Siervo Jesús.*
> *Y cuando ellos oraron, el lugar en que estaban congregados tembló, y todos fueron llenos del Espíritu Santo, y hablaban con denuedo la palabra de Dios."*
>
> *Hechos 4:30-31 BTX*

En el nombre de Jesús las sanidades, señales milagrosas y prodigios son fácilmente palpables, cuando hay una iglesia que ha asumido el propósito de pregonar las buenas nuevas de salvación.

Entendiendo, que es necesario ser investido del poder recibido por medio del Espíritu Santo, como nuestro Parakletos, para hablar con denuedo de la palabra de Dios.

✡ *Felipe el evangelista*

Ciertamente en la expansión del evangelio nos encontramos con Felipe el evangelista. Quien era uno de los diáconos de la primera iglesia en Jerusalén. Así como uno de los primeros y más preponderantes creyentes en predicar el evangelio fuera de la Santa Ciudad.

> *"Y Felipe, bajando a una ciudad de Samaria, les predicaba al Mesías.*
> *Y al oír y ver las señales milagrosas que hacía, la gente unánimemente*
> *prestaban profunda atención a las cosas dichas por Felipe."*
>
> *Hechos 8:5-6 BTX*

En estas líneas, vemos como un diácono luego de la persecución en contra de los creyentes en Jesús el Mesías, se destaca por su enérgica y poderosa predicación del evangelio. Extendiéndose a Samaria en donde expone las palabras de salvación, acompañadas de señales y milagros que eran manifiestos a los de la región, por medio del poder del Espíritu Santo que operaba en Felipe.

> *"Porque de muchos que tenían espíritus inmundos, salían*
> *clamando a gran voz; y muchos paralíticos y cojos eran sanados.*
> *Y había grande gozo en aquella ciudad."*
>
> *Hechos 8:7-8 BTX*

✡ *Pablo el evangelista*

Una de las figuras principales del evangelismo a los gentiles la encontramos en el Apóstol Pablo. Quien, como misionero destacado, difunde el evangelio entre los gentiles a un altísimo nivel, desde el punto de vista de la expansión de las buenas nuevas, así como de las enseñanzas a sus discípulos contemporáneos, y por qué no, del poder que conforme a los dones del Espíritu Santo pudo exhibir. En sus tantas travesías, por las tierras de los gentiles y de los judíos que se encontraban en la diáspora, tanto en el continente asiático, como en una parte importante de la Europa de la época.

> *"Pero no osaré hablar sino lo que el Mesías ha obrado por medio de*
> *mí para traer a obediencia a los gentiles, por palabra y por obra,*
> *con poder de señales milagrosas y prodigios, por el poder del*
> *Espíritu, con el propósito de proclamar plenamente el evangelio*
> *del Mesías, desde Jerusalem y sus alrededores hasta Ilírico;*
> *y así esforzándome de esta manera a predicar las buenas nuevas,*

no donde el Mesías fuera ya conocido para no edificar sobre fundamento ajeno."

Romanos 15:18-20 BTX

En estos versículos vemos que el apóstol y por ende evangelista habla de los milagros que, en sus travesías fueron manifestados. Pues como él cita en *Romanos 15:18b "para traer a obediencia a los gentiles, por palabra y por obra".*

El evangelismo es manifestación de poder del Eterno y por tanto esto es una señal inequívoca de quien es llamado para tales fines. No olvidando que el mayor de los milagros es la salvación de los perdidos, la libertad de los cautivos, y la resurrección de los muertos al pecado y la maldad de este mundo corrompido.

REFLEXIONEMOS

Es muy importante tener en cuenta que las señales y milagros son dos elementos eminentemente necesarios en el ministerio y la labor evangelística. Sin embargo, no debemos centrar todas nuestras fuerzas en ello, pues el milagro principal y la señal más evidente de que tenemos el poder del Altísimo es que las vidas acepten a Jesucristo y decidan cambiar en consecuencia.

Muchos aun los no creyentes serán capaces de hacer señales y aparentes milagros, sin embargo, cuando estos vienen por medio del Eterno, los resultados son de bendición, paz, tranquilidad, abundancia y edificación de los testigos. Teniendo como finalidad principal la exaltación del Dios al que le servimos y no al hombre.

GUÍA DIDÁCTICA

1. *¿Cuál debe ser el foco principal de las señales y milagros?*
2. *¿Son las señales y milagros el mayor galardón que podemos recibir? Explique su respuesta.*
3. *Liste tres aspectos importantes, para ejecutar con eficacia la predicación del evangelio*
4. *Liste los elementos que no son negociables para el éxito de la propagación del evangelio*
5. *¿Cuál es el propósito de la exhibición de poder y milagros?*
6. *¿Que ocasionó que el diácono Felipe se convirtiese en evangelista?*
7. *¿Hacia quienes se dirige el evangelismo del Apóstol Pablo?*

CAPÍTULO 18

SEGUIMIENTO DE NUEVOS CONVERTIDOS

"La evidencia de salvación, no es que hayas repetido una oración, o que hayas llenado una tarjeta de decisión, la evidencia que eres salvo, es una vida transformada".

— Paul Washer

El seguimiento, es el talón de Aquiles de la mayoría de los métodos de evangelismo. Debido en primer lugar a que es un papel que no muchos están dispuestos a asumir, por las implicaciones que el mismo conlleva.

En segundo lugar, en muchas ocasiones impera una falta de preparación en muchos de los ministros e iglesias, en cuanto a la manera en la que se debe trabajar con los nuevos convertidos. Para que los mismos reciban la leche materna que les servirá de sustento durante este período como Nepio.

En tercer lugar y no menos importante, muchas personas tienden a falsear los datos que proporcionan, en especial su dirección y número de teléfono. Por esta razón es de vital importancia que quienes están encargados de hacer este trabajo, conozcan en la mayor medida posible el lugar del evento y, por tanto a los nuevos hermanos que decidieron entregarle su vida a Jesucristo.

Pues esto dará a la persona un mayor nivel de confianza, en cuanto a la proporción de las informaciones pertinentes. Lo cual a su vez facilitará el trabajo de seguimiento y permitirá tener mejores frutos en la permanencia de los convertidos en las filas del pueblo santo del Eterno.

Ya que uno de los problemas más comunes, no es que las personas lleguen a las congregaciones, sino que permanezcan en ellas. Pues hay que entender que un porcentaje de los que se convierten en pocas semanas o meses se devuelven del camino de la salvación.

Pero hay quienes se descarrían porque en sus inicios no hubo alguien que los condujera por el camino. Como un niño que necesita que se le de leche en sus primeros 6 meses, y que al iniciar a caminar sea sostenido y cuidado hasta que logre ponerse de pie y avanzar por sí solo.

En el peor de los casos, lo cual resulta bastante común, nadie se le ha acercado al individuo para guiarle en su entrada a la dinámica de la Iglesia. Lo que se traduce en una alta taza de deserción en muchas de las congregaciones, que asumen que una vez la persona hace la confesión de Fe, ya es parte integral del pueblo de Dios.

Por esto y por otras razones queridos lectores, soy partícipe de que el equipo encargado del seguimiento en las congregaciones sea parte por lo menos parcialmente, de los equipos o ministerios de evangelización. De esta manera tenemos individuos que son capaces de identificar a las personas que en un determinado evento decidieron entrar al redil de nuestro Pastor.

Puesto que de manera previa fueron convocados y evangelizados por algunos de los integrantes de los grupos que trabajan o bien trabajaron esa zona. Lo cual es un arma a favor del cuerpo de Cristo, pues tenemos personas que conocen las situaciones en las que vienen a la iglesia muchos de los nuevos integrantes.

✡ *Personal para el seguimiento*

A la hora de elegir el personal que trabajará en el equipo o ministerio de seguimiento, los líderes de la congregación deben tomar en cuenta los siguientes elementos:

▶ De buen testimonio
▶ Devoto en la oración y estudio de la Biblia

▶ Amor por la enseñanza

▶ Comprometido con la causa

▶ Que haga obra de evangelista

Estas cualidades citadas y cualquier otra que se considere importante para los fines. Deben ser halladas en aquellos que hayan de ejercer este tipo de labor, ya que, quien le dé seguimiento fungirá como un mentor del nuevo hermano o hermana.

Lo cual, aunque pasen los años muy posiblemente continuará siendo así. Por tal motivo debemos buscar varones y varonas de virtud, que sepan llevar a cabo este delicado trabajo para el cual se requiere de mucha entrega, pasión y dinamismo.

✡ *¿Cómo realizar un seguimiento Eficiente?*

Responder a esta interrogante, es básicamente hacer un resumen de lo tratado a lo largo y ancho de este capítulo del libro.

Por lo tanto, es importante que comprendamos que son varios los elementos a tomar en cuenta, para que el seguimiento a los nuevos hermanos sea lo más eficiente posible. Para ello podemos considerar los siguientes aspectos:

Tener una información veraz de la persona a dar seguimiento

Este es el elemento principal para que el seguimiento a los nuevos convertidos se realice de manera eficiente. Se da el caso de que algunos de los conversos, dan informaciones erróneas y en el peor de los casos falseadas. Lo cual puede complicar bastante la labor del seguimiento.

Tener pautas de seguimiento bien definidas

Este apartado es uno a tomar muy en cuenta. Debido a que en ocasiones los ministerios evangelísticos, y el personal que trabaja en las primeras líneas de evangelización, realizan su trabajo de ganar los perdidos para nuestro Señor Jesús. Pero luego tenemos muchas pifias en lo relativo a este tema, por lo que es recomendable tener un equipo o departamento encargado de esta función, para que los frutos que se obtienen no se pierdan por falta de acompañamiento.

Por ende, deben existir pautas bien definidas, que permitan dar un apoyo apropiado y sin contratiempos. Fundamentado en una buena estructuración de los procedimientos a seguir en cada caso.

Acordar los días y horario del seguimiento

En esta tarea, es de vital importancia el primer contacto con el nuevo convertido. Ya que es el momento en el que se tiene la primera impresión del paso que ha dado dicho hermano o hermana en la fe.

De igual forma es el momento ideal, para establecer la manera y el tiempo en el que el Nepio recibirá el correspondiente sustento, por parte del representante del equipo. En tal sentido es de mucha ayuda priorizar en el espacio de tiempo del que dispone la persona.

Integrar a la persona al programa de discipulado de la congregación

Conforme se pueda interactuar con los nuevos convertidos, es de capital importancia integrarlos al programa de discipulado de la congregación. De esta manera se iniciará en su capacitación y preparación para la nueva vida que ahora está experimentando.

Por consiguiente, el seguimiento será mínimo y llegará el momento en el que ya no será necesario darle este soporte. Si no que podrá sustentarse por sí mismo, en función de las capacitaciones y entrenamientos recibidos. Lo cual le servirá como guía y apoyo en los momentos en que tiene que lidiar con situaciones propias de la formación y el crecimiento cristiano.

Inducir a la persona a los programas generales de la congregación.

Es importante que en la medida de lo posible y con la debida mesura, se vaya introduciendo al nuevo integrante de la familia de la fe, en el sistema de trabajo congregacional. No propiamente a ejercer alguna función, sino más bien a ir entendiendo las bases sobre las que se sustenta la iglesia.

Así como la visión hacia la que se dirige la congregación local, para que tengamos en el futuro un creyente maduro y que se identifique con los principios y normas congregacionales que, sustentadas en la palabra de vida, son infundidas por el liderazgo que el Eterno ha puesto en la organización a la que pertenece.

REFLEXIONEMOS

Que las vidas lleguen a Jesucristo, a través de la predicación eficaz del evangelio es una de las principales razones de ser de la Iglesia. Sin embargo, el desempeño y operatividad de esta no termina ahí, sino que se extiende con la intensión de que quienes hagan profesión de fe, permanezcan dentro del redil del Señor.

Esto significa, que luego de lograr la conversión de los individuos, debemos esforzarnos en darle el acompañamiento requerido, hasta que el Nepio, se convierta en un adulto, capaz de hacer de su permanencia en el camino de la salvación algo natural y sustentable en el tiempo. A través de las enseñanzas y experiencias propias.

GUÍA DIDÁCTICA

1. *¿Por qué el seguimiento es el talón de Aquiles de la iglesia?*
2. *¿Cuál es un requisito fundamental para los que dan seguimiento a los nuevos convertidos?*
3. *Según sus consideraciones, ¿por qué un gran número de conversos a las pocas semanas o meses de hacer profesión de fe se devuelven del camino de la salvación?*
4. *¿Cuáles características fundamentales deben tener los miembros del equipo de seguimiento?*
5. *Cite algunos de los elementos más importantes para dar un seguimiento eficiente.*

ANEXO

Seguimiento: Datos del nuevo convertido

Nombre_________________________ Teléfono____________

Dirección____

Redes sociales____

Días para recibir visitas_________________________________

Seguidor asignado______________________________________

APÉNDICE

Abba. Palabra de origen arameo. Manera familiar de llamar al progenitor (padre o papá). Jesús la utilizó en Mr.14:36.

Adam. de Adám; rojizo, i.e. un ser humano (individuo o la especie, humanidad, etc.): —Adán, común, gente, humano, persona, varón.

Adón. de una raíz que no se usa (que sign. gobernar); soberano, i.e. controlador (humano o divino): —amo, dueño, señor. Comp. también los nombres que empiezan con «Adoni-».

Adonai. forma enf. de Adón; el Señor (que se usa solo como nombre propio de Dios): —(mi) Señor. Aparece por primera vez en Éx.34:6. Después del exilio, cada vez que leía el Tetragrámaton YHWH no se pronunciaba si no que se usaba A.

Cristo. Jristós; de **jrío**; ungido, i.e. el Mesías, epíteto de Jesús: —Cristo, Jesucristo, Mesías. Es la raíz de la palabra Jristianós (cristianos).

El Elyon. EL-ELYON ĕl' ĕl yōn' (עֶלְיוֹן לֵא, Dios Altísimo). Un nombre de Dios usado en varios libros del Antiguo Testamento, pero esp. en Génesis y los Salmos.

El Olam. El Dios eterno EL-OLAM lo encontramos por primera vez en Gén 21:33. EL-OLAM nos muestra que Dios es el Dios de los tiempos, todo lo que pasa está bajo el control de Dios.

Elohim. El Creador todopoderoso Forma plural de Él. Este nombre generalmente se asocia a Dios en relación con su creación. Algunos utilizan la palabra plural «Elohim» como prueba de la Trinidad (Gén 1:26

Eterno. olám; prop. escondido, i.e. punto de desaparición; gen. tiempo fuera de la mente (pas. o fut.), i.e. (prácticamente) eternidad; frec. adv. (espec. con prep. pref.) siempre: —antigüedad, antiguo, continuo, eternamente, eternidad, eterno, largo, (principio del) mundo, pasar, perdurable, permanecer, perpetuamente, perpetuar, perpetuo, perseverar, sempiterno, para siempre, siglo.

Evangélico. (Del lat. evangelicus). adj. Se dice particularmente de una doctrina formada por la fusión del culto luterano y del calvinista.

Getsemaní. Gedssemané; de orig. cald. Prensa de aceite; Getsemaní, huerto cerca de Jerusalén: —Getsemaní.

Hashem. El Nombre. **HaShém** es la manera que tiene el judaísmo de afirmar que el único nombre que identifica realmente a su Dios es aquél que ni siquiera lo nombra, pues consideran que nada existente abarca la realidad de Dios.

Incienso. Compuesto de resinas aromáticas y bálsamos que arden lentamente esparciendo un aroma fragante. Las palabras hebreas qetó·reth y qetoh·ráh se derivan de la raíz qa·tár, que significa "hacer humo de sacrificio". El sustantivo correspondiente en las Escrituras Griegas Cristianas es thy·mí·a·ma.

Kefas. Kefás; de orig. cald. Roca; Cefas, sobrenombre de Pedro: —Cefas.

Mashiaj. mashíakj; de mashákj; ungido; usualmente persona consagrada (como un rey, sacerdote, o santo); espec. Mesías: —ungido, Mesías.

Mesías. Una palabra que representa el heb. mashíakj, el arameo meshiha' y el gr. Messias. Mesías Jn 1:41.

Mirra. (Del lat. myrrha, y este del gr. μ»rra). f. Gomorresina en forma de lágrimas, amarga, aromática, roja, semitransparente, frágil y brillante en su estructura. Proviene de un árbol de la familia de las Burseráceas, que crece en Arabia y Abisinia.

Redentor. gaal; raíz prim., redimir (de acuerdo a la ley oriental de parentezco), i.e. parientes más próximos (y como tal comprar de vuelta la propiedad de un pariente, casarse con su viuda, etc.): —afear, cercano, comprar, defensor, libertar, librar, pariente, redentor, redimido, redimir, reposar, rescatar, rescate, vengador.

El Shaddai. el Todopoderoso: —Dios omnipotente, Todopoderoso. aparece por primera vez en la biblia en Gén7:1. Dios se refiere a sí mismo como «El-Shaddai» cuando confirma su pacto con Abraham

Torá. precepto o estatuto, espec. el Decálogo o Pentateuco: —derecho, dirección, enseñanza legal, ley. prob. fem. de Tor; costumbre: —proceder.

Yeshúa. él salvará; Jesúa, nombre de diez isr fem. part. pas. de **yasha**; algo salvo, i.e. (abst.) liberación; de aquí, auxilio, victoria, prosperidad: —liberación, prosperidad, salvación, salvador, salvar, triunfo, victoria.

BIBLIOGRAFÍA

(Rashí), R. S. (2001). La Torá Con Rashí, El Pentateuco, Bereshit. Mexico, D.F.: Jerusalem De México.

Confilegal. (17 de Junio de 2020). Confilegal. Obtenido de Confilegal: https://confilegal.com/20180420-juicio-jesucristo 05042015-1024/

Editorial, A. L. (1992). Nuevo Diccionario De La Biblia. Miami, FL.: Unilit.

Elevangelio, C. p. (16 de Agosto de 2021). Coalicion Por El Evangelio. Obtenido de Coalicion Por El Evangelio: https://www.coalicionporelevangelio.org

Gardey, J. P. (16 de Agosto de 2008. Actualizado: 2021). Definicion. Obtenido de Definicion.de: https://definicion.de/etica/

Gardey, J. P. (15 de Agosto de 2021). Definición. Obtenido de Definición: https://definicion.de/moral/

Gotquestion.org. (24 de Agosto de 2021). Gotquestion. Obtenido de Gotquestion: https://www.gotquestions.org/Espanol/definicion pecado.html

Kcm. (31 de Agosto de 2021). Kcm. Obtenido de Kcm: https://es.kcm.org/preguntas/cuales-los-versiculos-biblicos-profetizan-acerca-Jesús-cuales-muestran-cumplimento-esas-profecias/

Kripkit. (31 de Agosto de 2021). Kripkit. Obtenido de Kripkit: https://kripkit.com/mirra/

Luzzatto, M. C. (1730). Derech Hashem ("El Camino de Dios"). Jeruzalem, New York: Feldheim Publisher.

Maldonado, G. (s.f.). *52 Lecciones De Vida*. Miami, Florida.: GM.

Question, G. (*24* de Agosto de *2021*). Got Question. Obtenido de Got Question: https://www.gotquestions.org/Espanol/definicionpecado.html

Sebastian, H. S. (*05* de Octubre de *2021*). Monografias. Obtenido de Monografias: https://www.monografias.com/trabajos82/comunicacion-evangelizacion-radial/comunicacion-evangelizacion-radial2.shtml

Strong, D. J. (*2002*). Nueva Concordancia Strong Exhaustiva. Nashville, TN: Editorial Caribe, Inc.

Todo, B. (*30* de Octubre de *2021*). Biblia Todo. Obtenido de Biblia Todo: https://www.bibliatodo.com/